如何高效阅读一本书

彭清清◎著

中国纺织出版社有限公司

内 容 提 要

阅读能塑造灵魂，帮助我们成为更好的自己，但阅读不是毫无章法的，需要我们掌握科学的阅读技巧。唯有如此，才能有扎实的收获，才能有益于我们的身心。

本书是一本阅读指南，立足于探讨如何帮助广大的读者朋友改善阅读方法，掌握科学阅读技巧。内容浅显易懂、方便实用，相信通过这些方法，我们的读者朋友能迅速与手中的书建立起紧密的联系，能够真正地懂得阅读。

图书在版编目（CIP）数据

如何高效阅读一本书 / 彭清清著. --北京：中国纺织出版社有限公司，2021.2

ISBN 978-7-5180-8183-7

Ⅰ. ①如… Ⅱ. ①彭… Ⅲ. ①读书方法 Ⅳ. ①G792

中国版本图书馆CIP数据核字（2020）第220436号

责任编辑：李风琴　　责任校对：高　涵　　责任印制：储志伟

中国纺织出版社有限公司出版发行

地址：北京市朝阳区百子湾东里A407号楼　邮政编码：100124

销售电话：010—67004422　传真：010—87155801

http://www.c-textilep.com

中国纺织出版社天猫旗舰店

官方微博http://weibo.com/2119887771

三河市宏盛印务有限公司印刷　各地新华书店经销

2021年2月第1版第1次印刷

开本：880×1230　1/32　印张：7

字数：124千字　定价：39.80元

前　言

生活中，对于每个人来说，阅读无时无刻不伴随着我们的生活，有些阅读是有目的的，如学习、参加职业技能提升学习等；也有一些阅读是无目的的，如闲暇或无聊时翻看杂志、刷微博或微信等。可以说，阅读随处可见，至今为止，我们读过那么多书，到底记住了多少内容呢？

也许你认为阅读是一件极其简易的事，以你最近阅读的一本书为例，当你的朋友问你，这本书讲了什么内容？你最喜欢书的哪一部分？这本书对你有什么影响？它的优点又在哪里？

你想告诉他这些答案，但话到嘴边，你发现自己竟然一无所知，更不知如何用语言来表述，此时的你才发现，原来阅读确实是件很难的事情。

实际上，人的记忆力是有限的，所以对于阅读过的内容记不住也是情有可原，“虽然是本好书，但是读过以后没什么深刻的感受。”“刚读完书，却觉得已经快要忘记书里讲过什么了。”“我读过的书都要堆成山了，可从来没派上过用场。”……这大概是很多有过阅读经历的读者的共同感受——记不住。这也是我们烦恼的一个问题，也有一些读者能记住一些书中的内容，但这样的阅读效率太低了；更有一些读者，他们发现，虽然读完了一本书，但是却并未对自己形成积极的影响和作用，这样的阅读也是无效的。

那么，我们到底要怎样阅读才不只是“读过”，而是有效的阅读呢?

我们要达到的阅读目标是——让自己读过的书物尽其用，不但记住书本中的知识，还要让其融入身心，将书中的知识应用到自己的生活中，在享受读书的过程中塑造自我。

这就是我们编写此书的初衷，本书旨在研究有效的读书方法，帮助我们解决到底应该如何读书的问题。不得不说，现在的市场上有很多教导我们阅读方法的读物，书里介绍的方法论形形色色，但不管是哪种方法，都有一个共同的道理，这个道理也是我们需要铭记于心的关于读书的基本目标：读完每一本书，都能有扎实的收获。

此书中，我们要阐述的并不是一味地阅读多少书，追求多快的阅读速度，而是要把书中的知识转化为“智慧”，并得心应手地运用。也许你会认为这种说法有点夸张，但其实只要你学习和掌握书中介绍的基本的读书方法，你也可以真切地感受到这种效果。

本书介绍的读书方法并不另类新奇，也不需要超人的记忆力和智慧，只要我们认真学习就能做到。最后，希望每位读者都能真正学习到阅读的方法技巧，真正从书本中学习到有益身心的知识。

著者

2020年10月

目　录

第1章

磨刀不误砍柴工——阅读前先明确以下几点

日常生活中，“阅读”是一件司空见惯的事，包括学习科学文化知识、阅读专业书籍、翻阅期刊杂志或者娱乐读物等，都属于阅读的范畴，所以大家也都认为阅读再简单不过了。然而，我们是否真的了解阅读呢？以下这些问题的答案：我们为什么要阅读、读什么书、如何阅读等，你知道吗？接下来，就让我们带着这些问题来了解本章内容。

我们为什么要阅读

提到阅读这一词语，很多人都不陌生，但也会产生疑问，我们为什么要阅读呢？这是一个看似简单的问题，但却不易回答，尤其是现今社会，我们的身边充斥着“读书无用论”的声音。当然，这里的“读书”指的是在校的学习，不过关于“阅读”，人们也越来越轻视，越来越多的人宁愿抱着手机刷朋友圈、刷微博和抖音，或者看电视、上网打发时间，也不愿意静下心来阅读一本书。还有一些人，他们实在太忙了，忙着工作、忙着挣钱、忙着提升自我，他们更不会认真阅读一本书了。

的确，阅读是一件耗费时间、精力却可能在短时间内收益很小的事，那么，我们为什么还要阅读呢？

因为人的灵魂不能浅薄、庸俗、无聊，它永远在追求最高尚的东西，使之高尚的重要渠道就是读书。书是人类进步的阶梯；书是智慧的殿堂，珍藏着人生思想的精华，是金玉良言的宝库。女作家毕淑敏曾说过：“清风朗月，水滴石穿，一年几年，一辈子读下去，书就像微波，从内到外震动着我们的心，徐徐加热，精神分子的结构就改变了，成熟了，书的效力就凸显出来了。”

我们羡慕那些博古通今、知识渊博之人，他们似乎有说不完的丰富话题，天文地理、科技人文，信手拈来，绝不会令你感到琐碎无聊。他们冰雪聪明、玲珑剔透、令人折服。他们不仅从书中获得了知识、素养，还从那厚重的书香气中萃取到属于自己的灵性。

的确，无论是谁，都要有自己的特质，这种气质对同性和异性都有吸引力，这是一种内在的人格魅力。而这种人格魅力的获得，与我们的学识有着极为密切的关系，读书是一项精神功课，对人有潜移默化的感染力。这种特殊的气质，就是由连绵不断的阅读潜移默化养就的。有些人从外貌上看毫无魅力，甚至是丑陋的，然而，读书生涯居然使他们获得了新生。有的人自知相貌平平，便发愤读书。他读的书多，知识就比较渊博，于是变得越来越自信，越来越有气质。这种学识从他的一举一动上都尽显无遗。

而在现实生活中，有相当数量的人只注重穿着打扮，并不怎么在意自己的气质是否给人以美感，也有一些人心浮气躁，闲暇之余宁愿三五成群、醉心于娱乐场所，或者上网、看电视打发时间，实际上，他们并没有感到充实，而是越发感到空虚。为此，罗曼·罗兰劝导我们：多读些书吧，读些好书，知识是唯一的美容佳品，真正的美是永恒的，只有书籍才有如此巨大的力量，无聊的时候，翻开书，引人入胜、曲折离奇的故事会消除你的孤独与落寞感；迷茫的时候，翻开书，大师们会为你解读人生，诠释生命，告诉你生存的意义何在，人生的价值何在，为我们指引前进的方向，照亮我们前行的航向。总之，和书籍生活在一起，你永远不会叹息！

不过，还有一种人，他们只热衷于缠绵悱恻的言情故事，还有就是那些歌星、影星和所谓的名人的花边新闻。如他们这种爱书就有点俗气了。

总的来说，我们阅读，有以下几个好处。

1. 读懂书，读懂自然

自然能净化人的心灵，让人返璞归真。自然的一切声音：风声、雨声、松涛声、犬吠、鸡鸣、蟋蟀叫都是动听的。听到它们的时候，是心情最宁静的时候。这宁静，是没有争逐的安闲，是没有贪欲的怡然。这些属于自然的美妙，只有爱读书、远离尘嚣的人才能听得懂、看得到。因为从书中，能感受着自然的每一天：红梅傲雪沐浴晨光中，觉天地一片灿烂，心神清新而明朗；徜徉晚霞里，感到人生无限温暖，精神愉悦而高洁。即使坐在屋内读书，也要靠窗而坐，用心去依靠那一树摇曳的翠绿，去接受那清风的吹拂。

2. 读懂书，读懂世界

爱读书的人看世界，觉得天蓝、地阔、人美。他把生活读成诗，读成散文，读成小说。对生活，他真心投入，用心欣赏，心里从不设防；对世人，她不装腔作势，不阿谀奉承，总透着一身书卷气。

3. 读懂书，读懂自己

爱读书，会使你生活情趣高尚，很少持续地去叹息忧郁或无望地孤独惆怅，让你拥有健康的身体、从容的心态。只要心境能保持年轻，对于年华的逝去就会无所畏惧。高尔基说："学问改变气质。"看来，读书是永葆青春的源泉。

4. 视读书为人生最大的快乐

这样，当别人津津乐道时尚流行、张家长李家短时，当别人为闲暇时间无聊时，你就能定下心来，让自己陶醉在书的世界里，洗涤自己，充实自己，忧伤自己，快乐自己。

因此，我们生活中的每个人，都多读些书吧，读些好书。会读书的人不仅是聪慧的，还是身心健康的。因为，书能给我们带来心灵最深处的滋养，当我们被尘世所烦恼的时候，书会带我们步入一个世外桃源，一个脱离了纷扰现实的精神殿堂。

我们要读什么书

阅读，对于我们每个人来说，都有着不可替代的作用。我们读书，是因为书籍是记载和传承智慧、经验及体验的载体；读书的过程，或是分享作者的研究成果，或是体会作者的人生经验，或是聆听作者系统性的思想和观点……

随着通信工具和科学技术的进步，人们可以通过多种手段和渠道获取类似于读书的收获与体验，如微博、微信、论坛、短信、博客，等等，在人们快节奏的生活和工作夹缝中，借助较短的文字，利用碎片化的时间，进行动态的沟通和交流，达到分享他人的体验、经验、观点等目的。

这里，固然我们承认微博、微信、短信等因为其快速、动态、形象、灵活等优点而获得现代人的认可乃至青睐，但是我们看到的是，随着人们生活节奏的加快以及竞争的激烈，我们越来越感到时间的匮乏，根本没用多余的时间看书，即使原本爱读书的人，也逐渐忘记了读书，甚至长期不到书店，长期不读书，长期不买书。

不过，我们始终要说的是，书带给我们的快乐是其他任何活动都不可代替的，尤其是系统性的读书活动，它所能给我们的系统性的思想、严谨的研究成果，都是那些短文字和碎片化的时间无法给予我们的。

一个急功近利的人，可以不用读书，当然他很难取得长期的大成功；读书之人，眼光看得远，看问题全面，懂得做人的道理。中国古代凡是做成大事的，一定有读书人的鼎力支持，或者其核心人物就是读书人。同理，一个原本不太愿意读书的人在取得一些成功后，也会在闲暇之余尽可能地多读书。

以上说了应该读书，那么现在是信息爆炸的时代，我们应该选择什么样的书?

有人说，这个最简单不过了吧，直接选择那些名气大、销量好或者有名气的人著作的书不就行了。其实不然，我们的读者，有不同的文化背景、不同的年龄和爱好，所需要的读物也是不同的，为此，著名学者郝明义在他的《阅读者》中将我们所阅读的书比喻为食物，并分为以下四类。

第一类书如同我们每天都要摄入的主食，解决的是我们的生存问题，此类书是必不可少的。

第二类书如同我们的美食，解决的是我们在温饱之后的精神层次的问题。

第三类书如同蔬菜水果，能帮助我们更好地阅读，如我们常用的工具书。

第四类书如同我们的零食和甜点，用于休闲娱乐。

从以上四种分类，我们大致也能看出这四种书对于我们的重要性。为此，我们在阅读时，要做到以下四点。

第一，和人摄取主食一样，我们也要按时按量阅读第一种书籍。例如，我们在学生阶段学习科学文化知识，就要努力学习、认真阅读；而进入社会后，出于工作和升迁的需要，我们也要及时为自己充电。

第二，偶尔看看第二种书。在我们的生活中，经常吃米饭、面食、家常菜，我们也会腻，需要吃点新鲜食物。同样，在阅读中，我们也要经常陶冶自己的精神世界，这类书有很多，如哲学、历史、艺术等，阅读这样的书籍，能提升我们的审美情趣。另外，阅读这种书，不在于“量”，而在于“质”，精挑细选适合自己的“美食”，才能真正丰富自己的精神世界。

第三，善用工具书。工具书太重要了，无论是不认识的生僻字，还是英文单词，或者是一些概念、数据等，我们都能从中找到答案。熟练掌握工具书，能帮我们更好地阅读各类书籍。

第四，控制第四类书的阅读量。谁都知道，主食毕竟是主食，我们不可能将零食和甜点当成主食来享用。同样，我们阅读此类书籍，也要控制量的摄入，如一些网络小说和娱乐性书籍，我们可以拿来休闲，却不能一味地沉溺其中。

当然，我们也不能从严格意义上来说哪种书籍就是无意义的、毫无营养的，但总的来说，在这个时代，要取得竞争优势，一定要给自己一点闲暇的时间读书，就算是提高生活的质量、提高自身的修养，也应当多读一点书。读书也不能迷信于名人、成功人士写的书；相反，应该根据自己的需求来选择。书是你一生的朋友，陪伴你一生，因而读书应成为一种习惯，一种生活方式。

如何读书，读什么书，其实最关键的就看我们的目的是什么。

那么，书是否读得越多越好？答案也未必是肯定的，就比如前面我们所说的四种分类，对于一些休闲书籍就未必是。

那么，我们如何选择读物呢？难道仅仅是从别人的推荐中来获取吗？这样的一种方法应当是不科学的，因为每个人的读书习惯或者说读书领域都是有所不同的，单纯地依靠别人推荐，肯定是不太合适，因此最关键的还是根据自己的需求和目的做出选择。

另外，如何阅读也是我们关注的一个问题，其实在网络中也存在着很多快速阅读的方法，如标注、做笔记等，在此不一一列举，主要就是针对自己的目的而定的。如果你是为了学习、为了考试，肯定是笔记做得越来越详细、学得越来越多，有可能还需要背诵；如果你只是为了休闲读一本网络小说，那就没有必要去做笔记了。这就是我们读书需要解决的一个问题。

阅读中常常有哪些误区

在我们很小的时候，周围的人就告诉我们一定要多读书，但是却并未告诉我们如何读书，以及读书过程中需要注意的问题，久而久之，我们在阅读的过程中就形成了很多不好的习惯，那么，在阅读过程中，常见的误区有哪些呢？概括起来，有以下几点。

1. 认为阅读量越大，越有价值

生活中，我们在谈及一个人是否知识渊博的时候，所衡量的依据通常是他阅读的书籍的多少，也就是说，一个人读的书越多，就说明他越学识渊博，反之，则专业水平不足。从评价学者的角度来说，这种方法是正确的，因为他们在阅读的过程中，不断获取知识和修正自己的观点，这样书读得越多就越有学识。

然而，对于我们普通意义上的读书活动而言，却未必如此。我们看到，很多人只是贪图读书的数量，并把读书当成一种任务来完成，而当我们问他们能否复述出书本中的内容时，他们却沉默了。

其实，在我们阅读完一本书后，并不是说阅读活动就结束了，而是才刚开始，因为我们的阅读目的是获取知识，所以我们需要继续做一些事来巩固我们的阅读，如整理读书笔记；思考书中表述的内容；思考有哪些观点我是赞同的，有哪些观点我是否定的，否定的原因是什么；思考有哪些东西是值得实践的，我准备怎么去做；有哪些书和本书的主旨相近，我是否需要去阅读这些书，等等。记住，读完一本书，是一个开始，而不是结束。

2. 热衷于购买，很少阅读

在我们周围，有一些人喜欢买书，每次逛街都要去书店买书，或者网购，家里书架上都是书，可是买回来之后，却将这些书闲置了，根本不去阅读。更有些人，喜欢列举自己藏书的数量、自己购书的热情，可是，这样的人，书虽然买了一本又一本，却并没有真正地用心去阅读过。我的一些朋友，他们的电子阅读器上竟然有1000多本书，我们来想象一下，他们需要多长时间才能看完。

这样的人，他们要么就是有收藏癖，要么就是得了下载综合征。其实，书最主要还是起阅读而不是装饰作用的，收藏的书籍，并不代表就属于你了，只有储存在你脑海里的知识才属于你。

事实上，我们购买了书，就要尽量看完，而买书也要根据自己的目的和需求购买，不要一味地追求数量。如果你用电子阅读器阅读，那最多只需要保留2本书即可，读完再买或者再下载。否则，书太多，选择就会太多，最终反而不知该读哪本好；书得来得太容易，就让人不会去珍惜。其实，对于读书人而言，最重要的，就是把那些买来的书看进脑子里、血液里，而不是收藏起来让其蒙尘。

3. 尽信书，缺乏质疑精神

当我们真正将一本书读进去的时候，我们很容易犯一个错误——把作者的观点当成自己的观点，把书上的内容当成真理或规律的化身，我们也很容易不假思索地全盘接受书中的所有内容，认为凡是书上讲的就一定是正确的，认为只要是书，就一定是良师益友。其实，现在的书，30%或许只需要看个目录就够了，80%都是在重复已有的观点，只不过换个瓶子包装了一下而已。

我们在阅读的时候，如想要保持理智，并做出冷静的分析和评价，就要先对作者及其写作背景做全方位的了解。例如，《论语》对于农耕文明年代或许是治理天下的良方，可是对于当代人而言，或许更多的起的是修身作用。任何一个作者，都有其局限性，他在写书的时候也都会或明或暗地带有立场，我们必须抱着怀疑的精神来阅读，不能盲从。

4. 一味地追求阅读速度

时间对于现代人的重要性早已毋庸置疑，我们开始认识到时间管理的重要性，很多人也将其运用到读书上。例如，给自己定一个计划，30分钟读完15页书等。其实，时间管理只能让你相对更高效地完成一件事，却不能让你在完成的过程中更加投入、更加开心。想一想，如果阅读变成一项任务，那是一件多么痛苦的事情。

现在的我们，更需要的是一种浸入式的阅读，在阅读的过程中，把整个身心投入其中，跟着作者一起笑、一起哭、一起经历、一起感受。这样，书才能读到心灵的深处，才会对我们产生影响，从而让我们的世界变得与众不同。

最佳阅读场所你知道吗

提到阅读，我们当然想到这样一个场景，闲暇时间，我们拿起一本书，尽情地徜徉在书海之中，这大概是我们梦寐以求的静谧时光。诚然，现代社会，我们对空间的利用率越来越高，无论是图书馆、咖啡厅还是地铁、公交车站，都能成为我们阅读的场所，然而，并不是什么场所都适合看书，如果我们想要学习专业知识，嘈杂的娱乐场所就不是最佳阅读场所。所以，我们每个人都要明白，根据阅读要求，要选择适合自己的最佳阅读场所。

按照前面提出的四类书籍，我们也可以根据阅读书籍的内容，选择不同的阅读场所。例如：

第一，“主食”与“美食”类书需要在安静的场所阅读。这类安静的场所有以下几个地方。

1. 图书馆

众所周知，图书馆的书籍种类很多，且环境清幽、设施齐全，学习氛围浓厚，很适合阅读，尤其是学习研究型的阅读活动。

不过，我们知道，我们的时间有限，不是每次阅读都能在图书馆进行，经常是周末或节假日，时间较多的情况下，才会选择图书馆。

2. 书店

在很多城市都有书店，书店的类型有很多，如学校附近的书店、二手书店等，但真正适合阅读的还是大型书店，因为这种书店宽敞明亮、环境优雅、书籍种类多，能吸引读者前来阅读或购买。

这样的书店，才适合静静地看书。

3. 学校的自习室或图书馆

虽然学校的自习室或图书馆是为本校学生准备的资源，但大家都知道这些资源并没有严格的限制，特别是知名大学，资源是共享的，喜欢学校氛围的朋友们，可以按距离远近选择学校这样的场所。

有位爱好阅读的年轻人这样评价自己在图书馆阅读的经历：

4年前的这个时候，我每天都去杭州图书馆的三楼阅览室自习。因为是工作日，三楼的阅览室人很少很安静，有免费Wi-Fi，看累了还可以去城市阳台逛逛，甚是喜欢。现在杭州图书馆的知名度越来越高，来的人多了，边上的少儿图书馆和嘟嘟城有很多小朋友也过来玩，感觉不再像以前那么安静，但是仍是一个看书的好地方。杭州图书馆浣纱分馆——原来的杭州图书馆，去年重新装修了，钱江新城馆属于大气开放类型，而这里属于小巧精致类型。场地不大，读者主要是成年人，人员走动很少，也有Wi-Fi，适合自己带一本书过来看。

4. 附近的咖啡厅

很多爱好阅读的人可能都有这样的体验：一杯咖啡，一本书，就能独处一下午，尤其是在咖啡厅这样的静谧环境下，阅读真的能让人陶醉，你可以点一杯咖啡，续杯到离开，环境好的咖啡厅，你总能找到知己。

5. 附近的公园

通常在生活区，都会有供休闲的公园。公园有桌椅、广阔的视界、安静的环境，不失为一个看书的好地方。

的确，不管是已经工作的还是未工作的，偶尔想找个安静的地方，带上一本书，放松我们的心灵，清空我们平时的疲惫，给自己一些私密空间，静静地思考。以上这些地方都是我们可以选择的。

第二，“零食”类书籍可以在轻松舒适的环境下阅读。

例如，我们阅读的是时尚类杂志、八卦杂志，就没必要在图书馆、书房这类安静的环境下，我们可以在地铁、公交车或者其他等车时间阅读，阅读这类书的目的主要是休闲娱乐，因此对阅读环境的要求相对较低。

也就是说，自己一个人的时候，最好不要宅在家里蜗居，对心情影响不好。你可以带上一本书，无论什么题材，走出门去，看看外面的世界，听听这个世界的声音，享受难得的休闲时光！

如何阅读一本书

乍看这一个标题，很多人会有疑问，读书还需要技巧吗？

只要识字，不是人人都可以读书吗？其实，这里面的学问可多着呢。同样的书，不同的人，读到的内容是一样的，但那本书到底带给人多少精神上的愉悦，肯定是不同的。虽说读书无定法，但是有一些小窍门，可以增加读书的质量，提升读书的乐趣。

以下是我们需要掌握的阅读步骤。

1. 了解此书作者的写作背景与人生阅历

我们都说，文如其人，无论看什么书，我们都要先了解作者及其写作背景，如果不了解这些，就很难深入作品中去。例如，我们熟悉的武侠小说作家古龙先生，他笔下的人物基本都是漂泊无依的浪子，一把剑闯天涯，一碗酒慰风尘。那么多经典的侠客形象，任凭他再天马行空，也难以完成。其实，我们认真探究下古龙先生早年的人生经历，就会发现这是他的性格使然，他早年放荡不羁，参加过江湖上的帮派斗争，正是这段不同寻常的经历，加上他性格洒脱，还有与生俱来的文人气质，才得以成就这些非凡的武侠经典角色。

2. 融入书中，真正了解书本内容

在阅读过程中，我们对书本投入的感情越多，就越容易沉醉其中，仿佛写的就是自己的故事，我们也会关心主人公下一步的发展，这就是真正地投入角色。例如，看《红楼梦》，我们发现，里面人物繁多，心思缜密复杂，如果我们不能集中注意力将书中的人物关系理清，就很容易被绕晕，更别说体会人物心理了。这也许就是书籍的伟大与玄妙之处，不攀登最高的山峰，也就看不到最美的风景，读书亦然，走心地阅读，才能真正与作者心灵相惜。

3. 有所得，服务于我们的现实生活

我们刚刚说了读书要深入故事，才能窥见人物的内心世界，但书毕竟高于现实，我们再喜欢一本书、一个人物，也不能抛却世俗，去过书中的那种生活。所以，读书既要“走进去”，也要“跳出来”。例如有人喜欢《武林外史》中沈浪的角色，潇洒痴情，武功一流，但无论如何，现实就是现实，我们可以仰慕沈浪的侠骨柔情，那是人的一种美好幻想，带着这种美好善良的东西去追求自己的理想，才是真正的江湖侠客。

4. 理清书本结构和脉络，复述书本内容

怎么才算读过一本书？一个最最基本的要求就是你在讲给别人听的时候，条理清晰，抓住主要人物、主要情节而不跑偏。与别人分享读书体会，是件很幸福的事，每个人都有自己的独特体验，交流与分享就把这种读书的体验无限放大，释放更多的正能量。

5. 要有做读书笔记的习惯

好记性不如烂笔头，我们通常有这样的体会，自己想表达一种感情，苦于词穷，恰好这本书就把同样的情感表达得出神入化、淋漓尽致，读者达到和作者的共鸣与契合，然后就超级喜欢这些话，这个时候，就有必要做下摘抄，好的东西积累得越多，自然整个人的品位也会渐渐提升。

6. 写心得体会，反思与归纳

看完一本书，无限感慨，书中的哪个部分写得特别精彩，哪个人物刻画得入木三分，这个时候，你肯定有很多话想对作者说。不妨每读完一本，就写写自己的心得体会，一方面这是对作品的一种反思与回馈；另一方面，还能锻炼自己的写作水平，何乐而不为呢？

另外，我们还可以根据阅读的书籍类别来进行不同方法的阅读。

如果是哲学，你认为思考比阅读更重要，你完全可以为了一句话而合起书来想一整天。因为对于思想，你自己想到的和别人告诉你的不一样，你听来的那叫“了解”，你想到的那叫“体会”。而且这样更利于你找到与作者不一样的东西，不至于被作者牵着鼻子走，也有利于发觉你思维上的错误。

如果是诗歌，那你只管享受它的意境就够了。除非你是为了研究，那光读诗是不够的，还要找一些诗歌评论。

如果是小说，那当然是一目十行，因为小说大多是把中心放到他所创作的一个大环境中去的。所以，大环境是重点。当然，也有些小说，如鲁迅就喜欢在其小说的一些细枝末节上加一些调侃讽刺，也可以注意一下。

至于散文，那就不一定了。因为有些有抒情，有些有哲学，还有些根本就是斜侃。看官自己决定吧。

总之，我们要强调的是，你的读书目的是主要的。读一本书，不要老记着怎样把它读好，寻章摘句是古代腐儒干的事情，而要注意你想学到什么。不管一本书它说了什么，你的需要和它所包含的内容，这二者之间的公共部分才是这本书真正对于你的价值。

第2章

好记性不如烂笔头——用笔记管理读书生活

我们都知道，在阅读的时候，我们不可能将全书中的内容都记住，而要想全都记住，除了用脑子以外，我们就必须得准备一个笔记本，做好阅读笔记，将书中我们认为有趣的、有意义的内容以及重点、难点等内容记下来，用笔记管理我们的读书生活，相信我们能真正从阅读中有所收获。

做笔记是一种良好的阅读习惯

在日常生活中，提到笔记，我们都会想到学生时代学习科学文化知识，无论哪一科，老师都会强调做笔记的重要性，而那些成绩优异的学生，他们有着不尽相同的方法，但他们有一条共同的学习经验，那就是记笔记。

古人云："好记性不如烂笔头。"在阅读时，随手记下我们认为重要的内容，这样方便查找，也不容易丢失。我们通过翻看笔记，可以回忆起当时的阅读情境，从而有助于帮助理解掌握书本知识。

同样，在日常的阅读活动中，我们也要做笔记，现代社会信息大爆炸，我们每天接触各种各样的信息，有社会生活的、国际形势的、工作学习的，大量信息的摄入，会造成我们思想上的消化不良，要么就泛泛而论、过眼即忘，要么就一概全收，记得的知识支离破碎。要从获得的信息中获得有用的信息，必须及时总结，及时记录，反复复习，温故而知新。

其实，记笔记的过程也是不断锤炼我们语言能力的过程，因为记笔记的过程是一个由感知转化为联想、分析、综合，再转化为文字表达的比较复杂的思维过程。在这一过程中，需要我们读者自身维持一种合适的心理定向，从而具体地操作知识信息。加上时间和空间上的限制，我们不可能将所有的内容记下来，也不能乱写乱画，最后自己回头看的时候都不知道自己写的是什么，这就要求我们在阅读时做到思维清晰，并且还要筛选，将有价值的信息提炼出来，然后记下来，只有这样，我们的笔记才会简洁明了、干净整洁。日积月累，不但丰富了我们的词汇量，更是锤炼了我们的书面语言表达能力。

而最重要的是，记笔记能帮助我们养成良好的阅读习惯，一些人阅读没有目的，一读而过，完成效果也不理想。出现这种现象，源于我们没有养成良好的读书习惯。徐特立说过："不动笔墨不读书。"阅读时勤动笔勤思考，可以抓住重点，深入理解，做好摘录、记好笔记，并及时写下心得体会。从本质意义上讲，阅读的过程实际就是思维的过程。这样一来，读书积累就有目的，写作实践就会得到历练，思维感悟就能得到提升。

当然，对于笔记来说，要记些什么内容，也是有章可循的。

好记性不如烂笔头，读书千遍不如写一写、记一记。记笔记有两种方法：

第一种是照单全收，照着文章进行摘抄，这是一种懒汉做法，也是笨办法，在以前印刷术不发达的年代，有传播作用，但是现如今信息发达了，单纯的照单全收还没有复制粘贴来得快。

第二种方法是提炼内涵实质，进行读后感的撰写。这种方法考验我们的思维能力，需要我们反复思考和分析并总结，经过一系列的逻辑思维，最终得到结论。这样更有助于我们记忆，并且，随着时代的发展，这种方法越来越被人们使用。

因此，记笔记最好要“记得精练”。所谓“记得精练”，指的是笔记的内容要有选择，有所取舍。我们阅读的知识，有的已经了解过，有的并无多少可阅读性，这些就不必记了。我们不熟悉的、重要的，一定要记下来，不好理解的、有疑问的，可以在书上做个记号，便于分析和了解。

我们阅读书籍，不但要记笔记，还要在日后经常拿出来看看，看看自己曾经读了哪本书，书中的内容是什么，这样能在回顾中不断提升自己的思想认识。例如，我们在看历史事件陈庄战斗时，在以前，我们阅读时看到书中对这一战斗进行了介绍，但可能了解得很肤浅，随着时间的推移，我们再来翻看笔记时，我们就会思考，如为什么歼灭1000余人的战斗就这么出名，说明当时我军的装备落后很多，还不能大量歼灭敌军，后来到了朝鲜战争，我军的装备就先进得多了。

另外，随着网络软件的日趋发达，我们可以借助它们来做笔记。例如，印象笔记，这种记笔记的方式也是很方便的，平时在网上看到一些好的文章，就可以迅速记下来，这样就方便在以后进行归纳总结。

可见，做阅书笔记不仅能提高阅读书、文的效率，而且能提高科学研究和写作的能力。总结起来，做阅读笔记的好处有以下几点。

（1）可以累积资料。

（2）可以深化印象。

（3）可以分类整理。

（4）便于日后查询。

（5）记录重点，便于复习。

总之，如果你养成做笔记的习惯，只要一拿书，你就会动笔写写画画，总想留点东西。久而久之，你会在做笔记的实践中逐渐养成良好的读书习惯，形成一定的阅读能力。

如何做好阅读笔记

做阅读笔记从字面上理解，重在“记”，如果记笔记仅仅是为了将来便于复查的话，这种理解并没有错。但实际上，对于很多有学习知识需要的人来说，做阅读笔记除了方便复查外，最重要的是通过做笔记这种手段形成思想、掌握方法、学习运用。即把他人的东西不仅仅变成自己的东西，更重要的是把学过的内容消化吸收为自己知识体系的一部分。因此，如果要让你的笔记本成为你的知识宝库，你一定还要注重笔记内容的转换。

那么，我们应该怎样做好读书笔记呢？

1. 明确做笔记的宗旨

做笔记的宗旨，就是进行知识转移。因此，做笔记时要以大脑为主帅、思维为中心、理解为标准、重点为获取，变老师和书本的知识为自己的知识。明白了这个道理，你就知道该怎样去做笔记。

2. 把握做笔记的时机

做笔记的前提就是不能影响阅读和思考，这就要求我们阅读时多思考，遇到重点和难题，马上随手记，如果等到阅读完书之后再来记，可能已经忘了。

做笔记时要把握好时机。做笔记的时机有三个：一是老师在黑板上写字时，要抓紧时间抢记；二是老师讲授重点内容时，要挤时间速记简记；三是下课后，要尽快抽时间去补记。

3. 注意做笔记的方法

做笔记要注意四种方法：一是简明扼要、纲目清楚；二是利用短语、数字、图表、缩写或符号进行速记；三是一些书籍的重点词语和句型可直接记在书页边，便于复习时查找；四是理解类书籍要记新思路、补充的定义、定理、公式等。

4. 注意记笔记的方式

笔记一般分三种情况来记：一是用自己的语言，把书本内容的重点记下来；二是一些重要的经典原话，如定义、公式、论点、论据、结论、概念、时间、地点等，必须准确照抄；三是对不懂的问题和疑点，也要原样记下来，以便后面去研究、思考、查对和询问。

5. 注意笔记的内容

记笔记要切忌两种倾向：一是像“速记员”一样，一切都记；二是像看电影一样，一切都不记。笔记的内容一般包括四个方面：一是老师讲的重点、要点、难点与疑点；二是书本的知识框架和结构；三是作者观点、思想及一些有价值的数据、事实、实例；四是我们自己的心得、见解等。

6. 分清主次体

我们做阅读笔记，最值得提醒和反复强调的就是要分清哪是主体、哪是次体，即“阅读”是主体，“做笔记”是次体。一定不能为了做笔记而做笔记，要保证自己全身心沉浸在阅读中，然后再去做笔记。

7. 不要只强调记得“漂亮”

一些人一味追求笔记做得“漂亮”，如书写工整、笔迹好看等，而忽视了笔记的内容，这未免本末倒置了。

8. 有新内容和新思路及时补充

有时候，我们在阅读时记下某点知识，但是在后来的阅读中发现了新的观点和补充类知识，对此，我们最好重新整理、归纳，这也是加深理解和强化记忆的一个重要环节。

9. 尽量规范笔记

有些人做阅读笔记非常随意，今天这个本，明天那个本，或是今天一张纸，明天一张纸，最后所记笔记乱七八糟，到查找时东翻西找也不全。做笔记应尽量规范，这样用起来才方便。

10. 不要抄别人的笔记

有的学生比较懒惰，自己课堂上不愿做笔记，下了课去抄别人的笔记。这是一种很不好的学习习惯，不利于锻炼自己的综合总结能力。一定要记住，笔记要自己写，自己做的笔记对自己才有学习效果和意义。

掌握以上10点记笔记的习惯，相信你能做好笔记，也能真正将笔记内容转换为你的知识。

读完就忘，不妨试试“三步法”做阅读笔记

想必很多人在阅读中都有这样的困扰——读过的书很容易就忘掉了，其实这并不是稀奇事，大家都会遇到，但是我们也有可以避免的方法，那就是做阅读笔记。做笔记是阅读必经的过程，是一个知识整理和归纳的过程，能帮助我们形成更强的记忆。

下面是一个读者做阅读笔记的心得：

暑假这两个月，我读了很多书，但是却发现一个问题：很多的书，我仅仅只是读过，由于没有超强的记忆力，很多原本很有启发的内容也会随着时间的推移渐渐淡忘。为了解决这一问题，我也开始学写读书笔记，摘抄书中一些写得好的内容。但是又发现除了笔记本上写满了笔记以外，好像也并没有起到太大的作用，仅仅只是多了一个摘抄本而已。后来，我有幸发

现了日本作家奥野宣之的《如何有效阅读一本书——超实用笔记读书法》，也正是从这本书中我意识到了为什么自己仅仅只是读书，却很难将自己读过的书转化为个人的财富。并且学会了一套正确的笔记读书法，这对我之后读书都起到了很大的辅助作用，再也不用担心自己仅仅只是读过这样一本书，却对内容遗忘得很快。

和案例中的这位读者一样，我们很多人都在寻求能将书籍上的知识转化为个人知识的方法。一些人可能尝试过用思维导图来总结一本书的内容，如果你喜欢在读完书之后对书本进行一个大概的总结，思维导图的确是一个不错的方法。但是，如果你希望能够将书中作者的观点变为你的个人财富，不妨和案例中的这位读者一样尝试下奥野宣之先生的这一套方法，在这里，我们将其命名为“三步法”，这是一种做阅读笔记的经验总结，最重要的是，熟练掌握这种方法并将其运用到具体的阅读活动中，能帮助你实现和作者思想观点的碰撞，并且还能将其形成为你的宝贵知识财富。

接下来是“三步法”的具体操作方法。

第一步：做记号。

相信很多人在平时的阅读中也会做一些记号，但是想必大部分人做的记号并不是很讲究，仅仅只是将那些看起来有趣或者意味深长的句子画上线，这是一种粗略的做记号，此处，我们给出一种做记号的“筛选程序”，通过这套筛选程序，会让你提取书中最最精华的部分。

筛选程序如下：

通读：将书看一遍，在看的时候将你认为有价值的那一页折角。

重读：在第一遍读完之后，你可以将你折角的那几页再读一遍，如果觉得写得很好，这一页的另外一个角也要折起来。

标记：继续阅读，如果在第三次阅读中仍然觉得折角的页很好的话，就可以拿出笔在这一页上做上记号。

接下来，再读一遍做记号的文字，将最后还是无法舍弃的内容抄在读书笔记上。这个方法看起来或许烦琐了一点，但这种筛选方法已经被很多读者认可，因为一本书真正有用的文字其实不过是20%，如果笔记过多反而太难吸收，既得不到想要的效果，还浪费了大量的时间在摘抄笔记上。

第二步：寻找具有代表性的语句，这一技巧也能帮我们筛选出重要的内容。

我们摘抄的内容，一定是要让我们心动的内容，同时选择摘抄段落时，不要摘抄那些看起来理所当然的内容，而应该摘抄“这么一说确实有道理”的内容。这两步主要是用来帮我们解决要做的摘抄笔记太多的问题。因为一本好书的标准之一就是让我们触动心灵，我们不可能全部抄下来，那样既耗时又耗力，很容易导致吃力不讨好的结果。所以我们就要用这两步来避免摘抄内容过多。

首先选出让我们心动的语句，这是摘抄的前提。然后，再从这些语句中，选出让人觉得“这么一说确实有道理”的内容，那什么样的内容是让人觉得“这么一说确实有道理”的呢？即能够给我们带来新认识的内容，而不是我们本来就知道的内容，那些我们本来就知道的道理，早就无须再摘抄了，摘抄是为了增添我们对新事物新概念的认知。

第三步：激发思想的火花。

如果我们没有与我们摘抄的内容进行思想碰撞的话，那我们只是摘抄了书中作者的观点，只是一味地记住了这样的观点。如果想要将作者的观点化作我们个人的精神财富，那我们就得来一场思想上的交流。

那究竟如何和作者进行思想交流呢？

你可以按照这样的方法做读书笔记：对自己来说重要的内容（摘抄）+自己对这个内容的思考（评论），在做笔记的时候，不妨试试用两个符号来进行区分：“○”和“☆”。“○”后面是摘抄，注意不要省略，保持原汁原味。“☆”后面是评论，写一些自己对摘抄内容的感想、思考或补充说明。使用这样的方法来做笔记，可以使得我们以读过的书为媒介，从而创造属于自己的思想舞台。

读者朋友们如果能使用这一方法做笔记，相比以前读书盲目地摘抄、做笔记，相信这套方法能起到很大的辅助作用。如果不想读书仅仅只是读过之后就忘记了，不妨试试这套方法，将书中有用的内容摘抄下来，并进行评价，这样书才会在我们脑海中印象深刻，从而将书本中的知识化作我们的个人财富。

当然，无论做什么，最重要的是坚持，做阅读笔记也是，应该将做阅读笔记当成一种自觉的行为，而不能高兴就做、不高兴就不做。当然，除了要持之以恒地做笔记外，我们还必须养成良好的记笔记的习惯，因为记笔记的目的是真正掌握知识，而不是形式化的。

掌握阅读笔记的常用形式

生活中，相信很多人都知道做阅读笔记是一种良好的读书习惯，那么，什么是阅读笔记呢?

所谓阅读笔记，是指人们在阅读书籍或文章时，遇到值得记录的东西和自己的心得、体会，随时随地把它写下来的一种文体。古人有条著名的读书治学经验，即读书要做到：眼到、口到、心到、手到。读书笔记就是“手到”。

那么，为什么要做读书笔记呢？打个比方，如果你去菜市场，你把食材买回家，肯定想着把这些食材进行分拣，留下你认为需要的，丢弃你认为不需要的。其实，读书也是一样，一本书中并不是所有的东西都是我们所需要的。正如帕累托法则而言，一本书中只有20%的精华，而其余80%只是起铺垫的作用，所以没有必要通吃整本书。

同时，养成阅读记笔记的习惯，也有助于我们提高学习效率。因为笔记的内容都是我们对读书的心得、体会、重点知识的记载。那么，读书笔记怎么写呢?

读完一篇文章或一本书后，应根据不同情况，写好读书笔记。常用的形式有以下几种。

1. 摘要式

摘要式读书笔记，是在阅读时把与自己学习、工作、研究的问题有关的语句、段落等按原文准确无误地抄录下来。

我们在摘录原文时要注明出处，包括题目、作者、出版单位、出版日期、页码等，便于引用和核实。摘录要有选择，以是否有用作为摘录的标准。摘录式笔记可分为以下几种。

（1）索引。索引读书笔记是只记录文章的题目、出处的笔记。如书刊篇目名、编著者、出版年月日、藏书处。如果是书，要记册、章、节，如果是期刊，要记期号，报纸要记年月日和版面，以备日后查找方便。例如，庄照《也谈为谁立传》，《光明日报·〈史学〉》

（2）抄录原文。抄录原文读书笔记就是照抄书刊文献中与自己学习、研究有关的精彩语句、段落等作为日后应用的原始材料。抄录原文要写上分类题目，在引文后面注明出处。

2. 评注式

评注式读书笔记不单是摘录，而且要把自己对读物内容的主要观点、材料的看法写出来，其中自然也包括表达出笔记作者的感情。评注式读书笔记有时对摘录的要点做概括的说明。评注式读书笔记有下列几种。

（1）书头批注。书头批注，是一种最简易的读书笔记做法。就是在读书的时候，把书中重要的地方和自己体会最深的地方，用笔在字句旁边的空白处打上个符号，或者在空白处加批注，或者是折页、夹纸条做记号，等等。这种笔记方法不但对书中的内容可以加深理解，也为日后查找提供了方便。

（2）提纲。提纲是用纲要的形式把一本书或一篇文章的论点、论据提纲挈领地叙述出来。提纲可按原文的章节、段落层次，把主要的内容扼要地写出来。提纲读书笔记可以采用原文的语句和自己的语言相结合的方式来写。

（3）提要。提要和提纲不同。提纲是逐段写出来的要点，提要是综合全文写出的要点。提要可以完全用自己的语言扼要地写出读物的内容。提要除客观叙述读物内容外，带有评述的性质。

另一种提要，是对一篇文章或一本书的内容梗概做简要的说明。

（4）评注。评注读书笔记，是读完读物后对它的得失加以评论，或对疑难之点加以注释，这样的读书笔记叫作评注笔记。例如，鲁迅读《蕙櫋杂志》中的一段：清严无照《蕙櫋杂志》：西湖有严嵩和鄂王《满江红》词石刻，甚宏壮。词即慷慨，书亦瘦劲可观，末题华盖大学士。后人磨去姓名，改题夏言。虽属可笔，然亦足以惩奸矣。

（5）补充原文。补充原文的读书笔记，是在读完原书或文章之后，感到有不满足的地方进行补充。需要注意的是补充原文不是随意地加以补充，而是要围绕中心思想加以引申或发挥。

3. 心得式

心得式读书笔记，是在读书之后写出自己的认识、感想、体会和得到的启发与收获的一种笔记。它有如下几种形式。

（1）札记。札记也叫劄记，是读书时把摘记的要点和心得结合起来写成的。这种札记的形式是灵活多样的，可长可短。

（2）心得。心得笔记也叫读后感，读书后把自己的体会、感想、收获写出来。这些读书笔记，可以写读书时的心得体会，也可以写对原文的某些论点的发挥或提出批评、商榷的意见。写这种笔记，一般是以自己的语言为主，也可适当地引用原文。

（3）综合笔记。综合笔记是读了几本或几篇论述同一问题的书文后，抓住中心评论它们的观点、见解，提出自己看法的笔记。

总之，做读书笔记不仅能提高阅读书、文的效率，而且能提高写作能力。这样，你不但学到了知识、锻炼了能力，还激发了求知欲。

阅读笔记并不是越详细越好

“开卷有益，读书好处多”，这是自古以来人们的共识。每一个人要想在知识的山峰上，登得越高，眼前展现的景色越壮阔，就要拥有越渊博的知识。知识是人类通向进步、文明和发展的唯一途径。书是前人劳动与智慧的结晶，它是我们获取知识的源泉。我们要让自己变得聪明起来，必须多读书，读好书。

读书不仅可以使我们开阔视野、增长知识，培养良好的自学能力和阅读能力，还可以进一步提高我们的认读水平和写作能力。

任何一个爱读书且善于阅读的人都深知做阅读笔记的重要性。读书笔记指读书时为了把自己的读书心得记录下来或为了把文中的精彩部分整理出来而做的笔记。在读书时，写读书笔记是训练阅读能力的好方法。记忆，对于积累知识是重要的，但是不能迷信记忆。列宁具有惊人的记忆力，他却勤动笔，写下了大量的读书笔记。俗话说：“好记性不如烂笔头。”所以，俄国文学家托尔斯泰要求自己：身边永远带着铅笔和笔记本，读书和谈话的时候碰到一切美妙的地方和话语都把它记下来，记下重要的知识如有不懂可以再看一下。

然而，在笔记这一问题上，我们发现，一些人根本不做笔记；一些人则是盲目地做笔记。关于后者，如果我们翻看他们的笔记，则会发现，他们的笔记很详细，可能你会产生疑问，难道笔记不是越详细越好吗？当然不是！

做阅读笔记，如果将书本内容照抄不误，只不过是将书本知识搬到了笔记本上，对我们掌握知识、解决疑难毫无作用，并且，还浪费时间和精力，因此，我们做笔记应该有所侧重，尤其是应该记一些重点内容。那么，什么是重点内容呢？又如何记笔记才能全面、效率高呢？

1. 提纲

做阅读笔记不是照抄书本内容，而应详略得当、提纲挈领。记好提纲，使得一部分内容学下来后，觉得脉络清楚，然后可根据提纲进行回忆、补充。有了恰当的提纲，我们在整理笔记时，就可以进行补充和完善，加深对相关内容的理解和把握。

2. 记思路

记思路是切实有效的，有了思路，就像航海时有了航标灯，自然就有了前进的路线和方向。记思路也要因地制宜，如果对于一些没有理解的内容，看了仍头绪不清、难以理解、比较茫然，这时，记思路就应该详细些，并记好结论，方便复习和思考。

3. 记重点

首先要关注开头和结尾。在开头时就能明确提纲、把握重点，记录时就有的放矢。结尾虽话语不多，却是这节内容的精彩提炼和复习巩固的提示。

我们可以多准备几种颜色的笔，把有关内容框出、画出，或者用彩色笔写出，以求引人注目、突出重点。明确了重点，我们的笔记就能详略得当、有的放矢。在记录重点时，也要不失时机地记下有关解析内容的经典范例和突破重点的巧思妙解。

4. 记疑难

阅读过程中，我们经常遇到一些自己搞不懂的问题，此时，我们一定要记下来，可以在后面的内容中找答案，如果一直没有答案，我们也已经记下来了，我们可以再回过头来重新阅读，也可以咨询其他人，但无论哪种方法，记疑难，都能帮我们攻克问题，强化解决问题的能力。

5. 记感悟

阅读可以分为三个层次，一是“懂”，就是看懂书上的有关内容，这是阅读要达到的初级层次；二是“会”，需自己动手、动脑进行模仿练习和实践；三是“悟”，就是对所学的知识悟出道理来，对所训练的方法悟出规律来，从本质上进行把握，这是阅读的高级层次，也是我们追求的效果。

6. 记总结

每本书都有其中心思想，我们要尝试归纳本书的精髓，达到高度概括、简明扼要。记录好总结的内容，使得所读的相关内容变得一目了然。如果我们能给出言简意赅的总结，说明这部分知识得到深刻理解，方法也掌握得游刃有余了。

都说“好记性不如烂笔头”，好习惯是可以借鉴的。一份好的笔记，字迹清晰、条理分明、主次得当，这些优点都是我们每个读者可借鉴的。

读书笔记是捕捉灵感的最好方法

我们都知道，很多情况下，阅读的目的是获得知识、形成记忆，我们应该让自己读过的书物尽其用，尽量让自己不忘记书的内容，使之融入自己的身心。我们也要尽量将书中的信息应用到自己的生活中，在享受读书的过程中塑造自我。

那么，怎样才能做到不只“读过”，还把读过的书记在脑子里呢？

多读、速读、乱读、列读、慢读……各种书里介绍的方法形形色色，但不管是哪种方法，都有一个共同的道理，这个道理也是我们需要铭记于心的关于读书的基本目标——读完每一本书，都能有扎实的收获。

如果只是想记住读过的信息，你可以多读几遍，或是靠大声读书来加深印象，但如果想将知识变成自己的精神财富，就要找对阅读方法，做阅读笔记就能帮我们达到这一目的，掌握这种简单的读书方法，你也可以真切地感受到这种效果。

读书笔记是指读书时为了把自己的读书心得记录下来或为了把文中的精彩部分整理出来而做的笔记。在读书时，写读书笔记是训练阅读能力的一种简单有效的好方法。

之所以说这种方法很简单，是因为你只需要准备一本笔记本。一本随处可见的笔记本可以帮你找到想读的书，辅助你的阅读，记录你阅读中的发现，或是回忆过去读过的内容。一本笔记本可以把读书生活的点点滴滴管理得井井有条。

另外，这种方法还能帮助我们捕捉灵感、增添写作素材、提升知识的运用能力。我们先来看看下面这位读者的心得：

我是个爱看书的人，不过上大学之前都是为了考试而阅读和看书，真正有足够充裕的时间看文学作品是从大学开始，从此与书结下了不解之缘。一直以来，我看书的方式都是一成不变的，默默地坐在教室的一角，静静地啃着厚厚的书，一坐就是一上午。有时学校图书馆没有想看的书便会去新华书店待一整天，直到书店关门才回家。

这样的看书方式，一直坚持到工作后。直到有一天，有幸参加了一位老师的写作课，听了他介绍的一种做阅读笔记的方法，才发现自己曾经读过的那么多书都没有好好消化吸收，使之真正成为自己的财富。如果只是用眼睛看过，而不是记在脑子里，读再多的书也没用。

后来，我开始按照课上老师讲的方法做阅读笔记，一段时间后，我发现自己在写作时真的有话可写了，写作内容丰富了很多。

那我们读书的时候要做些什么呢？读完一本书，怎样才能有扎实的收获呢？

1. 利用便利贴边读书边做笔记

“摘抄+感想”的笔记方式，感想可以是读到的新点子和灵光一现的想法，可以是对事物的好奇心。千万不要小看读书时的这些感想，它们正是日后原创的思考源泉，或许还能爆发意想不到的绝妙创意。

2. 坚持写读书笔记

读书笔记只有长久不断地坚持下去，才能看到成效。坚持写读书笔记，就是最有效的阅读方法。坚持写才是王道，写笔记的方式应该以让自己轻松地坚持下去为第一。

即使什么也写不出，就写写自己发自内心的感触和想法，可以是一句话，哪怕是简陋的一句话，只要是自己发自肺腑的，拿起笔来即可写下，写着写着或许就会看到惊喜。

3.摘抄让自己心动的语句

摘抄不需要思考，抄写原文即可，及时摘抄原文，可加深对文章的理解和记忆。摘抄，一定要抄写打动你内心的语句，抄写让人觉得“这么说确实有道理”的语句。如果摘抄的内容多，就抄写中心句，抄写最能颠覆自己认知的语句。

4. 重读笔记

写读书笔记是为了回忆起书中的内容，要定期回顾读书笔记，可在自己的时间安排里规定重读笔记时间。或再写一次读书笔记，时日久了，我们会对之前读过的书有新的发现。

读书笔记是捕捉灵感的最好方法，可成为自己的思想宝库，作为日后写作的素材。

如果你也有无话可说、无事可写的时候，不妨拿起一本书，参照书中的方法写写读书笔记吧，相信你一定会收获意外的惊喜。

如何整理阅读笔记

相信很多人都已经了解阅读笔记在阅读书籍中的重要性，尤其是对于那些有学习目的的阅读者来说，它对于随后的学习和复习都是非常宝贵的；它还能帮助我们克服头脑中记忆和储存知识的局限性。研究结果也表明，做笔记的人比那些不做笔记的人在测验和考试中成绩要好得多。例如，有一项实验，在开始讲课后几个星期，对听课者进行一次测验，做笔记的人获得65%的分数，而不做笔记的人只得25%的分数。做笔记的人在测验前能够按照笔记进行复习和背诵，而其他人只能依靠以前的那点记忆。

然而，我们做笔记会有一个误区：以为把书中内容摘抄下来就算完成整理了，但实际上理解消化知识需要花费大量时间和精力。一般掌握一个知识点，所花费的时间比例大概是这样：学习知识：掌握知识=1：9。这说明笔记对于我们产生积极的效用，我们不仅要记笔记，还要经常整理笔记，整理笔记能帮我们更好地意识到自己的问题。

可能我们也有这样的感觉，在阅读的时候，我们认为自己已经搞清楚某个问题了，但事后合上书本，却发现自己一知半解，此时，笔记就能帮助我们很好地吃透这一问题。

做阅读笔记，其实是为了重读和思考——把全书对自己有用的部分摘抄下来后，反复重读，思考如何运用到每日的生活和工作中。而对于书中的知识，我们没办法读过一次就能理解，所以只能通过反复重读增加印象，然后思考如何运用。

的确，不断整理笔记是实现知识由“繁而杂”向“少而精”转化的好办法。做得好，可以把厚厚的一本书变成薄薄的几页纸；把一个复杂的专题变成一张系统表；把容易混淆的概念或不易记忆的内容改造成醒目的图示。总之，把书上密密麻麻的文字表述，变成各式各样的笔记形式，如果再使用彩色笔标记各种特殊符号，就更加容易理解和记忆了。有了系统的笔记整理，时常拿出来看看，可以起到提纲挈领、强化记忆的作用。因为一看笔记，就能迅速抓住书本内容的全局、重点、难点以及内在联系，又由于是自己整理的，所以印象格外深刻。

毫不夸张地说，系统的笔记是极难得的学习备忘录，为自己复习阶段或临考前的复习提供了很有使用价值的资料。

做笔记不仅能帮助你集中注意力听课，而且给你提供了宝贵的学习材料。为了最大限度地发挥这种学习材料的作用，你必须多次整理笔记内容。

对笔记进行整理、加工，其方法与程序大致是以下内容。

1. 忆

在阅读后要趁着我们对书本知识的记忆“余热未消”，抓紧对照书本和笔记内容进行记忆，这也是整理笔记的过程。

2. 补

我们在阅读时所做的笔记，往往是随手记下来的，很容易出现缺漏或者错别字等情况，此时，我们整理笔记，能对这些进行及时修补，使笔记有“完整性”。

3. 改

仔细再次查看阅读笔记，对笔记中那些错漏的内容进行修改，其中，特别要注意与整本书内容的对应，使笔记有“准确性”。

4. 编

这要求我们用统一的序号，对笔记内容进行提纲式的、逻辑性的排列，然后标明号码，对笔记内容进行先后顺序的排列，这样，我们的笔记内容看起来会更有“条理性”。

5. 分

这是对笔记内容进行类别划分的过程，我们可以用红色笔，对笔记以文字（最好用红笔）或符号、代号等划分笔记内容。例如，哪些是字词类，哪些是作家与作品类，哪些是作品（课文）分析类，哪些是问题质疑、探讨类，哪些是课后练习题解类等。为分类摘抄做好准备，使笔记有“系统性”。

6. 舍

冗杂或者重复乃至一些无关紧要的笔记内容，可以直接删除。

7. 记

分类抄录经过整理的笔记。同类的知识，抄在同一本子上，或一个本子的同一部分里，也可以用卡片分类抄录。这样，日后拿来看或使用就方便了，按需所取、纲目清晰、快捷好用，使笔记有“资料性”。

总之，掌握整理笔记的几大程序，你一定能吃透笔记、掌握知识、真正理解书本内容，并形成记忆，最终为己所用。

小小书签的作用

前面，我们已经了解阅读对于我们的重要性，阅读能丰富我们的思想、提高我们对生活的认识、丰富我们的精神世界，使我们更加理性地看待现实问题。在认识到这一点后，我们很多人都在寻求好的阅读方法，其中公认的一点就有笔记法，做读书笔记的方法也有很多，其中最为便捷的方法之一应该就是使用书签了。

书签的作用及好处是可以帮读书者爱护书籍，记下书看到哪里。书签比折书等记页码方式更方便，对书的损坏度更低，是一种很好的记页码方式。

书签的种类有很多，我们总结起来有以下几种。

1. 金属书签

一般来说，书签为纸质的多，但也有其他材质的，如优质的纯铜、锌合金原材料，由镀镍烤漆、镀沙镍、仿古铜、移印、镀金烤漆、双色电镀、镀镍珐琅、镀镍镶嵌等工艺精制而成。这些材质做成的书签为金属书签，是书签发展历程中的一种创新。庙会的时候，可以看见很多脸谱金属书签，那是代表着中国的传统文化。

2. 电子书签

所谓电子书签，指的是在网络中在Gopher客户程序（client）和Web浏览器（browser）中，用户在菜单（menu）或页（page）上做的标志，以此方便日后查找。在Gopher客户程序中，所有书签出现在一个Gopher的菜单上。在Web浏览器中，它们出现在热点清单（hot list）或者收藏夹中。

常用电子书签：书签（Bookmarkers for IOS），QQ书签，Google

书签，百度搜藏等。

3. Word书签

Word中的书签的主要作用是帮助用户在Word长文档中快速定位至特定位置，或者引用同一文档（也可以是不同文档）中的特定文字。在Word文档中，添加书签的内容有很多，如文本、段落、图形、图片、标题等都可以。

现在，我们以Word 2010为例，来介绍下Word书签的制作方法。

第1步，打开Word 2010文档窗口，选中需要添加书签的文本、标题、段落等内容，切换到“插入”功能区，在“链接”分组中单击“书签”按钮。

小提示：如果需要为大段文字添加书签，也可以不选中文字，只需将插入点光标定位到目标文字的开始位置。

第2步，打开“书签”对话框，在“书签名”编辑框中输入书签名称（书签名只能包含字母和数字，不能包含符号和空格。注意，Word中的书签不能以数字开头），并单击“添加”按钮即可。

4. 植物叶片书签

植物叶片书签是一种以新鲜的植物叶片方式来标记阅读过的地方，需要书签是因为仍然有很多的人喜欢阅读，而它在这个时代并没有衰退，而且还可以让我们许多人爱上阅读，书呆子的乐趣无处不在!

人们一般将书签放置于书页间，以便再翻阅可以找到上次结束阅读的地方。阅读者大多都这样做，像我，就从没有想过书签这个物件本身存在于此刻的意义。

书签最基本的功能就是节点，阅读中的节点，能告诉我们当下阅读的节奏，下次可以从此处再继续阅读。最常用的标记节点的方式就是在书本中哪一页折一下，也是同样的道理，只是表现的形式不同。这是一种留下痕迹的方式，书签则是为了不在客观的空间维度中留下痕迹而被创造出来的人为产物。也就是说，书签有种“保存进度”的意味，而这种意味不拘泥于形式。

总的来说，书签是一种提醒，是一个鞭策。书签既有实用性，又有珍藏意义，不仅能唤起我们爱读书的欲望，也能帮助我们更好地汲取知识。

第3章

温故知新——真正掌握知识的有效步骤

古语说：“温故而知新。”可见温习对于学习的重要性，同样，在阅读过程中，重读也十分重要。不过，到底什么样的方法才更有效呢？其实，因为个体存在差异，适合每个人的重读方法也都不同，只有适合自己的学习方法才是有效的。当然，任何事物都是有规律可循的，多学习下面我们总结出的一些重读经验，也能帮助我们更便捷地找到合适的重读方法。

不仅要阅读，还要养成重读的习惯

前面，我们已经提及阅读对于积累知识的重要性，然而，我们都不是天才，对于书本中阅读到的知识，要想做到一次净、一遍成是根本不可能的，所以知识巩固十分重要，这就需要我们不仅要阅读，还要养成重读的习惯，这是学习知识十分必要的一环。

重读不是机械地重复几遍，而是让学过的知识更加系统化、条理化，纳入整个知识体系之中。

当然，针对不同的阅读目的，以及阅读书籍类型的不同，我们重读的形式也是多种多样的，从内容上看，大致可以把它分为全面重读、重点重读和倒转重读三种。接下来，我们就来看看这三种重读方式的不同之处。

1. 全面重读

顾名思义，全面重读就是对于我们已经阅读过的书籍，再次从头到尾阅读一遍，这种方法虽然不是最佳方法，但却是我们掌握知识的重要方法之一，尤其是对一些难度较大、深奥难懂的部分，有“书读百遍其义自见”的功效。

另外，对于一些只看过一遍而印象依然十分模糊或者基本上还没有读懂的书，也是行之有效的。

中国古人读书就常用这种方法，如一些古代学者为了钻研历史，他们会不厌其烦地阅读《史记》《汉书》，乃至《资治通鉴》，并且从头到尾、一字不漏地抄写下来。这样做当然有它的好处，第一是打牢基础；第二是全面细致，不会漏掉内容，正如清末梁启超所言："真心做学问的人总离不了这条路。"

然而，我们也要认识到这一重读方法的不足，这样做毕竟花费时间太多，有时还会掩盖重点，如果对阅读过的整体内容已经基本理解，采用这种方法阅读就没必要了，应该采用另一种重读方式，即重点重读。

2. 重点重读

无论什么类型的书，在全书，或者每一篇，乃至每一章，都有它的主要内容和重点部分。不断重复阅读这些强调的重点内容，能从根本上抓住书本的精髓。

唐朝的文学家韩愈在《进学解》里谈到读书时说："记事者必提其要，纂言者必钩其玄。"意思是说，对叙事的书，必须掌握它的要点；对说理的书，必须探索它的主旨。

朱熹也说，对重要的书和文章的核心部分，应"从头熟读，逐字训释，逐句消化，逐段反复，虚心努力，且要晓得句下文意"，"使一书通透烂熟，都无记不起处，方可换一书，乃为有益。若但轮流通念，而复之不精，则也未免枉费功夫也"。这些话都道出了重读时要抓主要内容或中心议题的道理。

这里，我们需要提醒的是，对于这种重读的方法，必须要我们在第一遍阅读书籍时就掌握整本书或整个文章的重点部分，否则鱼目混珠、李代桃僵，甚至弄巧成拙、白费功夫。而要抓住文章的主要内容，了解文章的内涵，也不是阅读一遍就能做到的，这是个需要不断重复的过程，从这一层面说，全面重读和重点重读二者之间的关系应是对立统一、相辅相成的。

3. 倒转重读

读书要循序渐进，但重读却不一定要绝对遵循这个模式，在很多情况下，采取倒转重读，效果反而更好。

所谓倒转重读，就是打破书本原有的顺序和结构，然后运用完全与之相反的结构进行重新阅读的过程。

例如，书本上介绍知识的顺序是纵的，便可以从横的方面去重读，甚至可以采取倒过来从尾到头的复读顺序。

日本早稻田大学教授福井重雅说过："读书不妨倒读。"他认为，如果你在第一遍阅读时采取的是从头到尾阅读的方法，第二遍不妨就从最后一部分开始阅读，因为这样的阅读方式，能让你一开始就知道书本的内容，进而溯本查源，加深对问题的理解。而反复运用顺读和倒读的方法，又会使学习效率倍增。

运用这一方法重读，要注意的是书本内容之间的内在联系和倒转阅读的逻辑性，不可随心所欲地乱读一通。

总的来说，我们要明白，阅读并不是单纯地记忆书本的内容，而是要将书中的知识转化为“智慧”，并得心应手地运用。也许你会觉得这个过程有点难，但只要做到多次重读并掌握方法，你也可以真切地感受到这种效果。

重读阅读笔记，让知识再现

我们都知道，阅读笔记是阅读过程中的一个总结，是学习的精华所在。在阅读的过程中养成做笔记的好习惯，不仅是对知识的巩固，同时也是我们回顾知识的一个重要资源。阅读笔记是曾经认真记录的内容，再次翻看阅读笔记会感觉很熟悉，结合笔记回忆书本的内容，很多知识点被自然串起来，一时不理解的内容再回归书本仔细查找，不会遗漏知识点。因此，我们可以说，重读阅读笔记，让知识再现。

我们来看看一位成绩优秀的学生是怎样读书的：

当朋友问及我为何能够如此轻松取得好成绩，是不是做了大量的习题，我很不好意思地笑了，说自己根本没做过任何题，就是不停地看书。我在考试前一个月向别人借了一套辅导书籍，也就是考试指定辅导书，然后就开始反复地看、反复地记，我看书绝不是走马观花似的浏览，而是记忆、理解，将每个知识点印刻在自己的脑海里。而且我看书非常仔细，将每个细小的知识点也一一兼顾到，绝不因为知识点小或不重要就轻易地放过。

我在记知识点的时候有一个诀窍，就是一定要进行回想和记笔记。我们虽然在一定时间内将知识点记住了，可是时间一长就会遗忘，因此需要不停地巩固。面对这么多的知识点，不可能每天都背同样的内容，所以在背新的知识点的时候，要利用空余的时间将已经看过的东西一一回顾，可以是在睡觉时，也可以是在坐车时，我觉得只有时常回顾，才能保证知识点不会从记忆中消失。

另外就是一定要记笔记。阅读时很多重点问题都记住了，可是往往是不深刻的，如地理名称、历史人物等，如果在纸上自己手写一遍，将更加加深对这些知识的记忆，凡是手写过的知识点，从不会轻易地忘记。而且一旦记在纸上，不仅可以将自己的难点、重点提取出来，还可以随时进行复习巩固。高考复习涉及的知识太多了，单靠我们的视觉性的记忆是不行的，而且无法理清楚知识之间的关联，只有在纸上自己理一遍，心里才有一个大致的框架，从而做到胸有成竹。毕竟好记性比不过烂笔头。

经过自己的这番特殊的复习，在考试过程中一点都不觉得困难，遇到不会的就标记上叉号，等其他的全部完成了再返回细细琢磨。

我的复习过程确实特别，没有挑灯夜战，也没有题海战术，只是靠纯粹的理解和记忆就能考出如此好的成绩。也许这种方法也适合很多其他的考生，因此特意将这种特殊的复习方法提供给大家，希望能够给广大考生带来一定的启示。

从这名学生的读书心得中，我们发现了重读笔记的妙用。

可见，做笔记，还有一个最大的好处，就是在考试之前进行复习的时候能给自己一个有效的指导。复习的时候一定要看着笔记进行，因为自己记录下来的都是这段时间学习的重点，根据上面记录的重点有针对性地去复习，对自己掌握不牢固的地方进行重点突击，考个好成绩自然就不成问题。如果没有笔记的指导，那结果就可想而知了，复习的时候抓不住重点，找不到自己的薄弱点，或是觉得哪儿都是自己的薄弱点，胡子眉毛一把抓，结果既浪费了时间和精力，又不会有好的考试成绩。

除了学习知识，我们在平时的阅读中也是如此，利用笔记重读，能对书本知识点进行查漏补缺。重读时，有些知识点虽有印象，但当时可能没有具体记忆，根据笔记的脉络，重读时，我们可将一些知识点填充进去，不会出现记忆混淆的现象。如能充分利用笔记，完全可以做到抛开书本就能把所有的知识点想起来。

总的来说，任何一个善于阅读的人都会重视笔记的作用，尤其是重视重读笔记，因为做笔记的过程是将书本知识进行系统化整理的过程。内容要少而精，且条理清晰，看后很容易记住，比抱着厚厚的书本要轻松许多，不会造成大的心理压力。

最后重读时，笔记就是自己建的一个知识体系，把知识点串起来记就很容易了。

信息重组，能催生出创意

几千年来，人类文明的进步得益于人类的创造性活动，懂得创造让人类变得“既聪明又高明”，而创造得益于人类思维的创新，灵感创意的出现可以说是对人类思维、能力和观念等的综合，是直觉给我们最直接的启示。而在很多创意出现的过程中，对知识的重组起到了直接的供应第一手材料的作用，我们的头脑中是否能产生灵感，直接关系到我们创造力的高低。

我们所说的重读中获得信息重组，其实与古人所说的“书读百遍其义自见”有异曲同工之妙，但这并不是让我们读一遍又一遍，而是当我们再读一遍时，能真正吃透这本书，获取书本中的知识，甚至激发出我们的创意。当我们把一本书读了许多遍，会发现，每读一遍，就会有不同的收获。“书读百遍其义自见”是我们读书到思考的一个过程，也是我们读书的一种方法。

我们来看下面一个女作家的心得：

其实，我是个粗枝大叶的人，我也不认为自己有什么文学才华，但是我喜欢在闲暇时间阅读，有些我喜欢的书，我会反复阅读，然后用日记记录下幸福的点滴，自我安慰，自我欣赏，自我陶醉。无论是搭地铁还是坐公交、逛超市，抑或是一个人漫步于公园中，我都会拿上我的笔记本，记下在我脑海中一闪而过的念头，或是美丽的句子，或是感动的瞬间，有时候只是一些琐事，但是只要将它们记录下来，就是永恒的。现在，我将它们整理成了我的一本杂谈。

的确，对于作家来说，最为重要的就是抓住瞬间的灵感，而阅读和笔记也是灵感的源泉之一。事实上，任何一个有创造力的人，都是热爱阅读的人，无论是艺术还是其他任何领域，重视阅读且吃透书本，都能让创造性活动有不少收获。

实际上，在人类很早的时候，就发现了创意对于进步的重要性，其实，创意并不神秘，也并不是虚无缥缈的，它来源于思维的灵光乍现，而在我们阅读尤其是重读时，书本中的信息重组能冲击我们固有的思维方式，进而催生出创意。

可见，重读中的信息重组在创造活动中有着非常积极的作用。其功能体现在下面两个方面。

1. 帮助人们迅速做出优化选择

要想创造，就会遇到问题，也就是要解决问题，在解决问题的过程中，往往会出现很多抉择，而如何做出最佳抉择，是我们最关心的。为此，法国数学家庞卡莱说：“所谓发明，实际上就是鉴别，简单说来，也就是抉择，怎样从多种可能中做出优化的抉择。”

经验表明，在创造性活动中，起到作用的，往往不是那些按照逻辑思维来进行的推理，很多时候必须依靠直觉。不过，似乎越是知识渊博和经验丰富的人，越是能获得直觉的垂青。他们更同意在坚决的抉择中找到最优答案。

2. 帮助人们做出创造性的预见

17世纪法国著名哲学家笛卡儿认为：直觉可以是直觉推理的起点。亚里士多德干脆说：“直觉就是科学知识的创始性根源。”英国物理学家卢瑟福在其非凡的直觉帮助下，在原子物理学和原子核物理学方面做出了一系列重大的开创性贡献。

因此，我们每个人，在培养自己的创造性思维这一点上，都要重视重复读书的作用，打开从无意到有意进化之门需要一把钥匙，掌握了这把钥匙，就等于把握住了形象思维的方式。

不过，既然是创意，就是不可多得的，就是稍纵即逝的，这需要我们在对知识进行重组时多思考和观察，进而抓住创意，绝不可让创意流失。

温故知新，才能真正掌握知识

孔子曾说过一名言：“温故而知新。”它的道理是：人们读书往往只读一遍，这种读书方式，只能看懂表面意思，却不能了解它内在的意思和更多的知识。而多读几遍，就能熟练掌握了。从孔子说的这一句话里，我们知道重读对于掌握知识的重要性，这一点，相信很多读者尤其是处于学习阶段的学生都有所领悟：经常复习以前学过的知识，就可以获取到更多新的知识。所以，我们要不断地复习以前所学过的知识，才能理解并接受更新、更深的知识。当然，重读并不意味着我们从头到尾再读一遍，也不能眉毛胡子一把抓，而是有所侧重，且要形成自己的记忆和知识储备。

关于重读的注意事项有如下几点。

第一，趁热打铁，必须及时。

在学习知识时就应该趁热打铁，在学习中温故知新是十分必要的。

第二，掌握一些记忆方法。

我们先来看看下面这位小读者的阅读心得：

我喜欢阅读，且对于自己喜欢的书，会多读几遍，第一遍我会通读，而到了第二遍的时候，我会根据自己的读书笔记使用目录记忆法或者闭目回想法。

所谓目录记忆法，指的是首先不要直接背内容，先把大目录背牢，然后再背小标题。这样体系建立了，书中的内容之间的关系也更明了，对整本书的理解也会加深。在背目录和小标题的时候会有很多新的领悟，直接背书是很难体验到的。

另外，我还有个小窍门——“闭目回想法”。我是这样做的：先闭上眼睛，然后回想书上某页的画面，最后自己去填充里面的具体内容。如果发现有个地方怎么也想不起来，就马上翻书，仔细地把这个盲区“扫描”一遍，然后继续闭上眼睛回想下面的内容。这种方法对于加深记忆非常有效。

这位小读者的方法很值得我们学习，虽然这一方法未必适用于所有人，但我们可以得出的经验是，无论什么记忆方法，只要有助于我们记住知识就是有效的。

当然，除了上面这位读者提到两种方法外，我们还可以掌握以下几种记忆方法。

1.“压缩饼干”记忆法

“压缩饼干”记忆法，就是在记忆时，有所简化才有所强化。简化，就是先提炼出识记材料中的关键性词语，然后进行综合概括，形成一个或一组简单的信息符号，这样就能方便记忆，提高记忆效果。这个记忆方法就像制作压缩饼干一样，在简化和提炼的过程中加深对知识的认识与理解。

2.“多通道”记忆法

我们发现，一些人似乎已经习惯一种单一的记忆方式，有的是大声朗读，边读边记；有的是喜欢闷声阅读，只看不读；有的不动笔写就记不住；有的不听老师分析就心里没数。

这些方法都是正确的，只是记忆的效果不一定是最好的。

因为这些方法都属于“单通道运行”，信息主要是通过单一的渠道进入大脑。我们要学会的是“多通道记忆”，眼、口、心、手、耳并用，在背诵时，注意听、说、读、写相互结合，这样对提高记忆效果非常有用。

3.“吃甘蔗”记忆法

有些书是需要记忆的，可能你会觉得“不知从何背起”。“吃甘蔗”记忆法正是一种能帮助我们找到着手点的好办法。

“吃甘蔗”记忆法，就是把要背的文章分成若干段，每一大段里又可分成若干小段。如此这般，原来的一大篇化成了若干小篇，若干小篇又可化成若干小段，一小段一小段记起来并不难。化整为零，化大为小，是符合记忆规律的好方法，也是提高记忆效果的好方法。

在掌握记忆规律的基础上，如果能学会这几种帮助记忆的方法，将会很好地提升记忆效果。

第三，避免其他因素的干扰。

我们在重读时，常常遇到前后材料相互影响、相互干扰的情况，两种学习材料越相似，相互干扰越明显。研究显示，相似程度在50%时，干扰最大。因此，在学习新知识时尽量不要将内容相似的材料放在一起学习。

总的来说，如果你的阅读目的是学习的话，那么，你就要学会重读和反复记忆，并且找到属于自己的记忆方法。这样，才能高效地学习。

制作索引，让重读更便捷

前面，我们已经分析过阅读对于人的重要性，阅读使人明智、使人明理，能从内到外升华一个人的气质。然而，我们要想真正从阅读中有所学，还是要重视阅读笔记的功用，正如一位作家所说：错误的笔记法让自己错失了多少创新和创造的机会。

要知道，如果我们随心所欲地将自己看到的全部记下来，这样的笔记看起来虽然有些杂乱无章，但只要我们学会制作笔记索引的方法，我们的笔记从此就清晰多了。

当然，制作索引包括很多方面的内容，如目录的制作、标签的制作、电子索引的制作。今天我们只谈论“如何制作索引的标签”这个话题。

制作索引的方法有很多种，目前被大家普遍学习和使用的方法有三种。接下来，我们具体看看这三种方法是如何操作的。

1. 切口涂色目录法

这就好比我们阅读的书籍一样，书籍的开头和结尾能看到目录，我们也可以这样做。

具体做法是：在扉页上写好书名、笔记小标题或同一主题内容的关键词等作为目录，在目录后面标记好用笔的颜色，再在相应书页的边缘处涂一个相同颜色的小色块。

如此一来，不管你阅读的书有多厚，你都能像查字典一样轻松找到想看的内容，前提是需要你事先标注页码或用日期标签代替页码。相比较而言，前者更便于找到想找的那一页。

2. 等高标签法

在笔记本扉页从上到下依次写好每一种主题内容的关键词，在相应书页切口位置的等高处贴上相同颜色的便笺或可折叠的胶带，表示这些位置有同一主题的笔记。贴的时候要注意凸出几毫米，这样更便于直接翻到目标页。

这样制作的标签不仅大大节省翻找笔记的时间，更可以让你重读笔记的效果事半功倍。

随着笔记内容的不断增加，笔记本的数量也会逐渐增多，面对越来越庞大的信息量，我们寻找信息时还要一本一本地去排除吗？其实不必担忧，学会了下面的重磅索引法，即使再过10年，你也同样能通过检索找到相应内容的笔记。

3. 重磅索引法

什么是重磅索引法呢？细分重磅索引法，其实分为以下两个步骤。

（1）在书脊和切口处标明笔记本序号。所谓“切口”，指的就是书的横断面，即除了书脊的另外三边，上截面和下截面上也写好序号，加上书脊上的，无论从哪个角度看，都可以确认该笔记的序号，即便是无序摆放在桌上也不会搞混。

（2）用电脑制作读书笔记的索引资料。首先，将笔记内容录入电脑中，每一行的信息由笔记本编号+日期标签+检索标记+条目标题组成。

例如，001 030414 思考 何为头脑的优点。

值得一提的是，你还可以在信息的末尾处标明相应的关键词（加粗部分为关键词）。

例如，060725 读书笔记《战国与幕末》/池波正太郎/角川【幕末】【明治】

然后，按照检索步骤进行检索。

附：检索步骤

①检索读书笔记种类。

②检索书名。

③检索作者名。

④设置关键词。

读书笔记，因其内容的一元化特点，倘若不做索引，恐怕很难从看似杂乱无章的信息流中快速找到自己需要的内容，这时候索引的制作就显得尤为重要了。

当然，以上我们所陈述的3种方法并非完全独立存在，尝试交叉使用或许会有意想不到的收获。读书笔记也并非记录完成就万事大吉，需要你重读时去思考或挖掘不一样的想法，如此才能发挥其作用。制作索引就显得尤为重要了，选用合适的笔记索引制作方法，不仅大大节省翻找笔记的时间，更可以让你重读笔记的效果事半功倍，何乐而不为呢？

第4章

错落有致，层次分明——阅读的层次

生活中，我们经常提到“层次”，阅读中我们也同样强调要有层次，不同的层次适用于不同的阅读方法，更适用于不同的书籍，但阅读是一项主动的活动，而且越主动效果越好。无论进行哪个层次的阅读，探求越多、提问越多、思考越多、分析越多，收获就越多。希望每一位读者都能成为一个熟练掌握阅读方法的主动阅读者。

艾德勒关于阅读的四个层次

相信我们任何人，阅读一本书，都会想得到这样一些答案：整本书到底在谈些什么？作者说了些什么，怎么说的？这本书说的有道理吗？是全部有道理，还是部分有道理？这本书跟我们有什么关系？想要知道这些问题的答案，我们需要按照一定的方法进行。

为此，美国哲学家、教育家、著作家艾德勒提出了阅读的四个层次理论。他认为，我们可以将阅读分为基础阅读（elementary reading）、检视阅读（inspectional reading）、分析阅读（analytical reading）和主题阅读（syntopical reading）四个层次。

1. 基础阅读

基础阅读又可称初级阅读、基本阅读或初步阅读。在熟练这个层次的过程中，一个人可以学习到阅读的基本艺术，接受基础的阅读训练，获得初步的阅读技巧。我们此时只需了解语句的字面意思，而非深入探索它背后的含义。

“这个句子在说什么？”是这一层次阅读时要解决的问题。通常来说，基础阅读是在小学时完成的，是进入更高阅读层次的先决条件。

一个人只要具备这个层次的阅读能力，就摆脱了文盲的状态，至少已经开始认字了。在获得这个层次阅读能力的过程中，一个人可以学习到阅读的基本艺术，接受基础的阅读训练，获得初步的阅读技巧。

这样的阅读能力是我们大家早年便已学会的，大部分是技术性的。但是当我们读外国文字的时候，仍然需要基础阅读。

2. 检视阅读

检视阅读是一种训练有素的快速阅读，也叫略读或预读，是系统化略读的一门艺术，是指在一定的时间内抓出一本书的重点。

这一层次的阅读特点在强调时间。

检视阅读是系统化略读的一门艺术，至此，才算真正进入阅读的层次。

在这个阅读的层次上，你的目标是从表面去观察这本书，学习到书的表象所教给你的一切。如果基础阅读时所问的问题是：这个句子在说什么？那么在这个层次要问的典型问题就是：这本书在谈什么？

方法一为略读：快速地浏览书中辅文诸如书名、内容提要、序、目录、索引等信息，随意翻读内文；方法二为粗读：读一本难读的书，必须从头到尾读完，不停顿地思索或查询任何不懂的地方，初步了解书的类别与内容。

3. 分析阅读

分析阅读就是全盘的阅读、完整的阅读，或者说优质的阅读——你能做到的最好的阅读方式。这是一种专注的活动，阅读者会抓住一本书，进行咀嚼与消化，直到这本书成为他自己的为止。

分析阅读可分为以下三个阶段。

第一阶段是依照书的种类与主题来分类，用一个单一的句子，或一小段文字来概括整本书的内容，然后按照顺序与关系，将全书的大纲、各部分的大纲列出来，确定作者想要解决的问题。

第二阶段是诠释一本书的内容，包括诠释关键字，从最重要的句子中抓住重要主旨。主旨往往是书中重要论述的段落。在任何一本书中，有许多段落根本没有任何论述，需要你去架构出来，从这一段或那一段中挑选句子出来，整理出前后顺序的主旨，以及组成的论述。你可以在书的空白处做上编号，再加上其他记号，把一些应该排序而读的句子标出来，这样架构一些段落就容易多了。在这项工作中，作者整理的摘要可能帮得上忙。读完整本书后，就能确定作者已经解决哪些问题，还有哪些没解决。

第三阶段是评论一本书。除非已完成大纲架构，也能诠释整本书了，否则不要轻易评论。在评论之前，要分别得出真正的知识与个人观点的不同，能证明作者的知识不足、知识错误、不合逻辑或分析与理由是不完整的。

4. 主题阅读

主题阅读也可称比较阅读，是最高层次的阅读，是所有阅读中最复杂，也最系统化的阅读。

主题阅读时，阅读者需要阅读很多书，列举这些书之间的相关之处，提出一个所有的书都谈到的主题，并构架出一个可能在哪一本书里都没提过的主题进行分析。

阅读的最终目标是主题阅读。主题阅读所牵涉的绝不只是一本书，要知道应该读哪些书。在准备阶段，要针对所研究的主题，参考图书馆目录、专家建议与书中的书目索引，设计一份试验性书目；然后浏览这些书，找出最相关的章节，确定哪些与你的主题相关，并就主题建立起清楚的概念；接下来根据主题创造出一套中立的词汇，建立一个中立的主旨，列出一连串的问题，所有的作者，或者至少大多数的作者都要能提供答案。再将作者针对各个问题的不同意见整理陈列出来。各个作者之间，不见得一定存在着某个议题。有时候，你需要针对一些不是作者主要关心范围的事情，解读他的观点，才能建构出这种主题。比较有共通性的主题，要放在比较没有共通性的主题之前，各个主题之间的关系也要清楚地界定出来。

总的来说，好的阅读，也就是主动的阅读，不只是对阅读本身有用，也不只是对工作或事业有帮助，更能帮助我们的心智保持活力与成长。

阅读的第一个层次：基础阅读

生活中，我们在拿到一本书进行阅读时，首先会阅读书中的文字，然后进行理解、分析，最后得出自己的心得，这个过程不是一蹴而就，而是层层递进的，这就是阅读的不同层次。上一小节，我们介绍了美国学者、教育家艾德勒提出的阅读的四个层次，这里我们继续做出说明。

这里，我们说的是“四个层次”，而非“四个种类”，之所以这样命名，是因为种类是样样都不相同的，而层次却是再高的层次也包含了较低层次的特性。也就是说，阅读的层次是渐进的。第一层次的阅读并没有在第二层次的阅读中消失，第二层又包含在第三层中，第三层又在第四层中。事实上，第四层是最高的阅读层次，包括了所有的阅读层次，也超过了所有的层次。

在本小节中，我们着重来谈谈阅读的第一层次，第一层次我们称为基础阅读。也可以用其他的名称，如初级阅读、基本阅读或初步阅读。不管是哪一种名称，都指出一个人只要熟练这个层次的阅读，就能轻松开始阅读了。

小孩子首先接触的就是这个层次的阅读。他的问题（也是我们开始阅读时的问题）是如何认出每一页中的每一个字。孩子看到的是白纸上的一堆黑色符号（或是黑板上的白色符号——如果他是从黑板上认字的话），而这些黑色符号代表着“猫坐在帽子上”。一年级的孩子并不真的关心猫是不是坐在帽子上，或是这句话对猫、帽子或整个世界有什么意义，他关心的只是写这句话的人所用的语言。

在这个层次的阅读中，要问读者的问题是：“这个句子在说什么？”当然，这个问题也有复杂与困难的一面，不过，我们在这里所说的只是最简单的那一面。

对几乎所有阅读本书的读者来说，这个层次的阅读技巧应该在多年前就早已经学会了。但是，不论我们身为读者有多精通这样的阅读技巧，我们在阅读的时候还是一直会碰上这个层次的阅读问题。譬如，我们打开一本书想读的时候，书中写的却是我们不太熟悉的外国文字，这样问题就发生了，这时我们要做的第一步努力就是去弄清楚这些字。只有当我们完全明白每个字的意思之后，我们才能试着去了解，努力去体会这些字到底要说的是什么。

其实就算一本书是用本国语言写的，许多读者仍然会碰上这个阅读层次的各种不同的困难。大部分的困难都是技术性的问题，有些可以追溯到早期阅读教育的问题。克服了这些困难，通常能让我们读得更快一些。因此，大部分的速读课程都着眼在这个层次的阅读上。

因此，我们可以总结下，在基础阅读中，作为读者，一般会问自己：“这篇文章说的是什么？”当然，这虽然是一个简单的问题，但出于读者本身阅读层次不同，所以关注到的意义不同，掌握基础阅读的方法，意味着我们已经摆脱文盲的状态。不过，基础阅读也不算孩童的专属，不少成人在阅读文章时，都可能停留在只了解字面意思的阶段。也就是说，就是同一本书、同一篇文章乃至同一段话，一些人可能只是进行基础阅读，但一些人可能进行了深层次的阅读，所以不要以为自己认识文章中所有的字就是深层次阅读了，其实，基础阅读阶段是我们在日常的阅读中不可避免的。

阅读的第二个层次：检视阅读

前面小节中，我们谈到了阅读的第一个层次——基础阅读，在此基础上，我们衍生出阅读的第二个层次，我们称之为检视阅读。检视阅读，也就是系统化略读，类似于学生时期进行的阅读理解。

和阅读理解相同的是，这一层次的阅读也要求我们在特定时间内读完一段文字或者一篇文章、一本书，并了解其大意和中心思想，在这个层次的阅读上，我们的目标是从表面去观察这本书。

因此，如果第一层次的阅读所问的问题是："这个句子在说什么？"那么在这个层次要问的典型问题就是："这本书在谈什么？"这是个表象的问题。还有些类似的问题是："这本书的架构如何？”或是“这本书包含哪些部分？”“这是哪一类的书——小说、历史，还是科学论文？”

这一阅读层次的特点在强调时间。在这个阅读层次，我们必须在规定的时间内完成一项阅读的功课。譬如我们可能要用15分钟读完一本书，或是同样时间内念完两倍厚的书。

实际上，大多数人，即使是许多优秀的阅读者，都忽略了检视阅读的价值。他们打开一本书，从第一页开始读起，孜孜不倦，甚至连目录都不看一眼。因此，他们在只需要粗浅翻阅一本书的时候，却拿出了仔细阅读、理解一本书的时间。这就加重了阅读的困难。

例如，读者对本书进行检视阅读，就能明白这本书是介绍阅读方法与技巧的工具书，明白各章分别讲了什么内容，有哪些阅读方法，分别有什么阅读技巧，可以评判网络书店或实体书店对本书的归类是否准确，并可以向其他人介绍这本书。但是对于书中介绍的阅读方法与技巧，读者也许并不能应用到实际阅读中。

因此，用另一种方式来形容这个层次的阅读，就是在一定的时间之内，抓出一本书的重点——通常是很短，而且总是（就定义上说）过短，很难掌握一本书所有的重点。

这个层次的阅读仍然可以有其他的称呼，如略读或预读。我们并不是说略读就是随便或随意浏览一本书。检视阅读是系统化略读（skimming systematically）的一门艺术。

总的来说，在阅读的各个层次中，我们可以发现，第二层次，也就是检视阅读，是一种非常有意义的阅读方式，通过检视阅读，我们可以确认是否需要进一步阅读。即便是对于后面我们要分析的另外两个层次的阅读——分析阅读或主题阅读，也需要建立在这一阅读层次的基础上，这样才能帮助我们更好地对书的整体进行了解和把握。

另外，很多读者也发现，检视阅读也是我们挑选书籍的好方法。在实体书店购书，我们通常都会先翻阅，包括书名、作者简介、版次、目录，然后略读一下各章的内容，之后才决定是否买下这本书。同样，我们网购图书也是如此，虽然不能像在实体店中一样翻阅，但是也能看到书籍的简介，还有书的作者简介，甚至还有一些试读的部分，我们也可以将其看作检视阅读，只不过对书籍的了解和思考稍浅一些而已。

阅读的第三个层次：分析阅读

在阅读中，第三个层次的阅读，我们称之为分析阅读。分析阅读，即全盘阅读、完整阅读，也是能更好地理解一本书的内容的阅读方式。通过分析阅读，读者可以对全书有更精准的把握，可以复述全书各部分的大意及重要细节。简而言之，通过分析阅读，读者会将一本书的内容完全消化，使之成为自己的知识。

比起前面所说的两种阅读层次，这一层次的阅读要更复杂，更系统化。随着阅读内容难度的有所不同，读者在使用这种阅读法的时候，多少会相当吃力。

分析阅读是一种优质的阅读方式，我们说检视阅读需要在一定的时间内完成，那么，分析阅读则不需要时间限制了，此处我们最需要关注的是阅读的成果。

进入这一层次的读者，他们也一定会对自己阅读的内容有很多系统的问题，此处我们并不强调，而我们需要强调的是，分析阅读是一种需要精力投入的活动。在这个层次的阅读中，读者会紧抓住一本书，一直到能真正掌握这本书为止，“有些书可以浅尝辄止，有些书是要生吞活剥，只有少数的书是要咀嚼与消化的”。分析阅读就是要咀嚼与消化一本书。

分析阅读是一种系统的阅读方法，通常表现为这样一个阅读过程：把一本书进行简单分类、透视一本书、寻找共情。

接下来，我们来具体分析一下这几个过程。

1. 把一本书进行分类

通常而言，可简单地将书的类别分为“论说性的书”和“非论说性的书”。论说性的书主要由“观点+理论+假设+推断+结论”的模式构成，而非论说性的书，主要是文学作品。

同时也要注意分辨一本书是“理论性作品”还是“实用性作品”。理论性作品偏向于解释是什么，而实用性作品偏向于解释该怎么做。前者重在阅读其解释的方式和论据，后者重在阅读其操作方式。

2. 透视一本书

拿到一本书，首先要看到其阅读意义和价值、论说的完整性、重要篇章的价值等。

其次分析其逻辑结构：画结构性的思维导图、重新整理大纲、列出几个重要的问题。

最后一句话概括：用一句话或几句话来叙述整本书的内容，并且把重要篇章列举出来，重新组成一个自己最能接受的知识主体。

3. 寻找共情

每个人的成长环境、教育背景、人生体验都是千姿百态的，对知识呈现出的偏好性自然也有差异。所谓共情，简单理解就是找到书中那些与自己的情感倾向或知识倾向相契合的部分，也就是在阅读一本书的时候，要吸取自己能够接受的知识和论证方式，主要方法有以下几种。

（1）找关键字、关键词句、关键段章；找专业词汇并解释；找涉及的重要概念并解释。

（2）形成一个论证逻辑，快速找到文章所提问题的答案。

（3）公平地评断一本书、尊重书的观点、不轻易下结论、暂缓评价——让自己的想法和评价都酝酿一段时间。

在这个过程中要切忌争议，反对要有依据，主要可以从这几个方面进行：知识不足、知识错误、推论错误、分析不完整、重点篇章不重要。

我们还要强调的是，如果你的目标只是获得资讯或消遣，就完全没有必要用到分析阅读。分析阅读就是特别在追寻理解的。相对的，除非你有相当程度的分析阅读的技巧，否则你也很难从对一本书不甚了解进步到多一点的理解。

在分析阅读的过程中，读者需要不断阅读，不断提出问题，并不断分析，找到问题的解决方法，形成自己的阅读结论。

其实，在每一种阅读层次中，读者都会向自己提问，只不过在基础阅读中提问的主要内容是文字的意思，在检视阅读中的提问偏重书的结构、大意，而在分析阅读中提问的内容则更详细、系统，提问的过程就是加深理解的过程。

总的来说，相对于前两个层次的阅读，分析阅读是我们最常用的深入阅读一本书的方式，且需要在基础阅读和检视阅读的基础上进行，这一点，需要我们引起重视，在没有掌握熟练的分析阅读技巧的前提下，我们不宜对一本完全不了解的书进行分析阅读。分析阅读可以在基础阅读或检视阅读之后进行。

阅读的第四个层次：主题阅读

阅读的第四个层次也就是最高层次的阅读，我们称之为主题阅读，也可以用另外的名称来形容这样的阅读，如比较阅读（comparative reading）。之所以可以用这样的名称，是因为在做这一层次的阅读时，读者需要阅读很多书，而不是一本书，并且对其进行比较，找出其相关之处，提出一个所阅读的书籍中都提到的主题。

然而，只是对多本书的文字内容进行比较还远远不够，通过主题阅读，读者可以提炼出一个关于这一主题的全新论断，这一论断也许在阅读过的任何一本书中都没有论述。主题阅读并不易行，它是具有极强创造性的阅读，阅读收效也最佳。

这是所有阅读中最复杂也最系统化的阅读。对阅读者来说，要求也非常多，就算他所阅读的是一本很简单、很容易懂的书也一样。

主题阅读存在两个基本前提：一是对某个主题产生强烈的好奇；二是阅读多本书籍，参考各种资料，有能力形成自己的分析。

事实上，阅读本身就是一个求知的过程，大部分都是由好奇心驱使，主题阅读也不例外。只不过，主题阅读的阅读量更大，阅读的效果也不仅是接受、掌握某一知识，而是产生自己的论述、创新。与分析阅读一样，主题阅读也需要大量的、连续的时间，需要投入专注力和精力。

虽然主题阅读并不易行，但读者也不必因此望而却步。主题阅读并不是特别深奥，也不需要特别的技巧与方法。可以这样认为，但凡写过论文的人，都曾进行过主题阅读。例如，对某一主题产生强烈兴趣，随后阅读大量文献，提出自己的问题与分析，最后论述成文，这一过程其实就包含了主题阅读。

主题阅读就是以某一个主题为核心进行的阅读，可能是阅读一本书，可能是同时阅读多本书。

例如，当你想弄清楚“女性性别角色的建构”这个主题的时候，你就不能光看一本《李银河性学心得》，而要搜索、略读、精读很多其他书。

可能其中有李小江的《性别与中国》；有袁曦临的《潘多拉的匣子：女性意识的觉醒》；有祝平燕、夏玉珍的《性别社会学》；有波伏娃的《第二性》；有邓伟志的《女性与性别社会》等读物，不再是简单地理解书中的论证、储备自己的知识，更重要的是给自己想要找的主题定义一套框架，并找其他书中的知识来填充自己这套框架。对此，有以下两个注意事项。

（1）按层次进行书籍选择——查阅书单、检视阅读、重要书籍存档、单本分析阅读、多本对比阅读。

（2）按需要索取知识重点——找相关章节、找论据、找能达成共识的字段、界定议题分析讨论。

此处，我们最好努力在这些答案之外找到一种自己思考出的答案，这将有助于我们独立思考，并避免受限于作者的思路。

总的来说，我们认为主题阅读是一种针对同一主题，在一定时间内阅读大量书籍的方法，它可以有效避免零散阅读所造成的知识遗忘，思考重复而不深入的问题。同时，由于大量阅读相关内容，可以有效加深记忆，多角度、更全面地理解同一主题思想，最重要的好处是，当完成阅读之后，有效地形成框架性思考，非常利于将实用性书籍中的内容应用到实际中来。

邹韬奋与分层次阅读

在阅读中，我们大部分人可能对艾德勒的四层次阅读理论比较陌生，但其实，我们有更为简便的方法，这就是近代著名的出版家和政论家邹韬奋的分层次阅读法，意即泛读、略读、精读。

邹韬奋是个知识渊博的人，他不仅爱读书，也善于读书，在谈到自己的阅读经验时，他说："特别为自己所喜欢的，便在题目上做个记号，再看第二次，尤其喜欢的，再看第三次，最喜欢的，一遇着偷闲的时候就常常看。"

这是一条切实可行的读书方法，为后来很多读者所借鉴。

在阅读中，我们常常会遇到这样的情形：面对一大堆要读的书籍，而不知怎样读才能有所收获。那么此时，我们就可借鉴邹韬奋的方法，我们称之为分层次阅读。

第一个层次是泛读。泛读是一个汉语词汇，意思是指一般性阅读。在平时，我们随时拿起手边的书随便浏览和翻看，这就是泛读。

泛读所追求的是对文章或书的整体理解和把握，而不是注重一些字句的推敲，更不要求从细节上理解文章。

第二个层次是略读。这是基于第一层次的阅读，是将我们在泛读时选出来的书，进行第二遍粗略的阅读，通过略读发现有必要反复研读的书或某些章节。

略读又称跳读或浏览，是一种被经常使用的快速阅读技巧。所谓略读，指快速阅读文章以了解其内容大意的阅读方法。换句话说，略读是要求读者有选择地进行阅读，可跳过某些细节，以求抓住文章的大概，从而加快阅读速度。据统计，训练有素的略读者（skimmer）的阅读速度可以达到每分钟3000~4000个词。

具体来说，在阅读时，先把文章粗略地浏览一下，看看文章中是否有自己解题所需要的信息，然后了解这篇文章的题材和体裁，以便运用相应的阅读方法。在考试过程中，如果没有充分的时间，而且文章又不需要深层次理解时，就可以运用略读的阅读方法。注意，不需要深层次理解并非指略读时理解水平可以很低，而是说略低于一般阅读速度所取得的理解水平是允许的。一般阅读的目标是在保持一般阅读速度的条件下，获得尽可能高的理解水平，通常达到70%或80%。略读时，理解水平略低一些是预料之中的事，平均理解率达50%或60%就可以了。

在生活节奏日益加快的今天，阅读的速度和捕捉信息的能力都会直接影响到工作效率与学习质量。怎样才能快速准确地捕捉到文章大意和需要的信息呢？“略读法”不失为一种快捷有效的方法。

（1）特别注意首句和尾句的内容，以及它们之间的呼应关系，快速掌握主题大意。

（2）抓段意，找出各段的主题句。

（3）以时间为主线，掌握事件或者故事梗概。

（4）抓记叙文的六要素：when，where，who，what，how ，why（英语疑问句）。

（5）抓议论文三要素：论点、论据（要点）、结论或观点。

（6）读科普和社会科学类文章时，则应快速掌握：成就/成果、性能/影响、用途/目的。

（7）读应用文则应重点了解：文体（如书信、广告等）、事件、时间、地点。

关于略读的词语：走马观花，观其大略，不求甚解。

那么，我们怎样略读呢？

如果面对一大堆读物，我们可以将每本书的内容提要、前言、章节、目录等很快地从头到尾看一遍，这样就能大致了解每本书的梗概、特点和应用范围。对于一本读物来说，可以几段几段地粗读，也可几页几页地翻阅，而不要探究某个字、词或句子的意思。俗话说的“一目十行”就是指这种走马观花式的快速阅读方法。

略读有下列四个特点。

（1）以极快的速度阅读文章，寻找字面上或事实上的主要信息和少量的阐述信息。

（2）可以跳过某个部分或某些部分不读。

（3）理解水平可以稍低一些，但也不能太低。

（4）根据文章的难易程度和需要达到的目的，不断灵活地调整阅读速度。

略读可以运用下列技巧。

（1）运用意群视读，不要在只言片语上纠缠，也不追求对所有细节都理解，只要能以最快的速度掌握文章大意即可。

（2）要利用文体细节，如文章的标题、副标题、小标题、斜体词、黑体词、脚注、标点符号等，对文章进行预测略读。预测略读要了解作者的思路和文章模式，以便把握大意、有关的细节及其相互关系。

（3）以一般的阅读速度，阅读文章开头的一、二段，力求抓住文章大意、背景情况、作者的文章风格、口吻或语气等。

（4）阅读段落的主题句和结论句。抓住主题句就掌握了段落大意，略去细节不读，以提高略读速度。

注意转折词和序列词。如在英文中常见的转折词有however,

moreover，inaddition等；序列词有firstly，secondly，at last等。

第三个层次是精读，将略读时选出来的书或章节，细细地咀嚼品味，吸收书中的营养。

精读是以掌握阅读方法、发展阅读能力、理解文章内容、积累知识为目的的读书方法，即精细深入的阅读。要求“字求其训，句索其旨。未得乎前，则不敢求乎后；未通乎此，则不敢志乎彼”。把字字句句读明白，达到“使其言皆若出于吾之口”，“使其意皆若出于吾之心”（朱熹）的融会贯通的理解水平。对文章的语言、结构、内容、写作方法等，进行细琢细磨的研读，经过努力钻研，从困勉达到理解。

这一层次的阅读要求我们做到细读多思、反复琢磨、反复研究、边分析边评价，务求明白透彻、了解于心，以便吸取精华。对本专业的书籍及名篇佳作应该采取这种方法。只有精心研究、细细咀嚼，文章的“微言精义”，才能愈挖愈出，愈研愈精。可以说，精读是一种重要的读书方法。

这样分层次读书，一层一层地筛选，就可以保证所读的书既博又精，既有广度又有深度；并且还保证了科学地运用读书的时间和精力，一般的书花的时间和精力少，精华的书花的时间和精力多，轻重有别，详略有致，比对所有的书都平均使用力量，盲目地瞎读一气，效果自然要好得多。

王国维《人间词话》中的三重境界

王国维在他的《人间词话》中说到治学经验，他说：古今之成大事业、大学问者，必经过三种之境界：第一种境界是“昨夜西风凋碧树，独上西楼，望尽天涯路”（出自宋朝晏殊的《鹊踏枝》），第二种境界是“为伊消得人憔悴，衣带渐宽终不悔”（出自宋朝柳咏的《蝶恋花》），第三种境界是“众里寻他千百度，蓦然回首，那人却在灯火阑珊处”（出自南宋辛弃疾的《青玉案》）。

第一种境界是说：做学问成大事业者首先应该登高望远，鸟瞰路径，了解概貌，“望尽天涯路”。

第二种境界是说：做学问成大事业不是轻而易举的，必须经过一番辛勤劳动的过程，“为伊消得人憔悴”，就是说要像渴望恋人那样，废寝忘食，孜孜不倦，人瘦带宽也不后悔。

第三种境界是说：经过反复追寻、研究，到底取得了成功。做学问也用得上陶渊明的一句诗“山穷水尽疑无路，柳暗花明又一村”，只要功夫精神用到，自然会豁然开朗、有所发现、有所发明的。

但也可以引出悠悠的远意，做学问、成大事业者，要达到第三种境界，必须有专注的精神，反复追寻、研究，下足功夫，自然会豁然贯通、有所发现、有所发明，就能够从必然王国进入自由王国。能引申到这个方面来，王国维的高明自不必说。

古人治学讲究“厚积薄发”，所以第一阶段，重点在于“独上高楼，望尽天涯路”，这是看，要博览；接下来的阶段就是要思考，论语中讲“学而不思则罔”，看了那么多东西，就会互相比较，和自己的经历比较，就有所得，就外显“衣带渐宽终不悔，为伊消得人憔悴”；然而，最终的成就要返璞归真，就是《大学》中说的“在明明德，在止于至善”，也是老子中的“地法天，天法道，道法自然”。学习的最后是体悟自然的规律，顺应这个规律“从心所欲不逾矩”。

初能望文生义，死记硬背，可小成。

进能变通运用，巧舌如簧，有一得。

终能深入浅出，知行合一，方大就。

没有登高望远，无以确定有价值的探索目标。

没有对目标的迫切愿望和自信，难以面对征程的漫长和艰辛。

没有千百度的上下求索，不会有瞬间的顿悟。

国学大师王国维精妙地以三句词道破人生之路：起初的迷惘，继而的执着和最终的顿悟。成功之道无出其右也。

王国维“三境界”的妙论，相信大家都非常熟悉，很多人也将其引申到其他很多领域，如企业管理、营销、研发等，给人深刻的启发。同样，我们阅读也是如此。

阅读的第一重境界，就是阅读的开始阶段，我们可以将其看作“基础阅读”阶段，这一阶段我们阅读的是字面意思，我们才开始探寻适合自己的阅读方法。

阅读的第二重境界，可以说是“分析阅读”阶段，这需要我们主动阅读，并且投入时间和精力，做到专注和仔细，甚至可以说是呕心沥血的过程。

阅读的第三重境界，这一阅读阶段已经找到阅读的主题，已经有结论，也就是前面我们说的“主题阅读”。在这一境界内，阅读者需要阅读大量相关书籍并进行比较，提炼主题，并形成自己的独特见解，这是阅读的最高境界，强调“顿悟”。

读书的三重境界，符合古学的小学，《大学》的通义。

王国维提出的关于阅读的三重境界看似抽象，但在具体的阅读活动中，我们就能感受出来，并且还能帮助我们从另外一个角度理解阅读。当我们真正理解之后，对于阅读的层次反而不会特别在意了，因为这些层次之间本就是相互包含的关系，而并不是相互独立、互不关联的。我们在阅读时，会根据自己阅读的目的、阅读书籍的类型以及阅读的场所等选择适合我们自己的阅读方式，不过，这并不是一朝一夕就能获得的，需要我们进行大量的阅读，积累大量的阅读经验，当我们将这些关于阅读的理论知识都熟练掌握后，我们才能开始真正的高效的阅读。

第5章

提纲挈领，一目十行——速读的要义在哪

生活中，相信很多读者都羡慕那些能做到“一目十行，过目不忘”的人，甚至认为这种人太神秘了，其实不然，他们只是掌握了“速读”的方法而已。那么，什么是速读？速读又该掌握哪些诀窍呢？本章我们将会给出答案，但我们需要注意的是，“速读”是指快速、高效的阅读。速读并不等同于快速记忆，只是通用、基础的阅读方法。

什么是速读

从阅读方式上来说，我们一般可以把阅读分为两大类：一是传统阅读法，俗称“慢读”，即按照字、词等少数几个单字为单位逐个阅读；二是快速阅读，或称“速读”。

这里，我们来谈谈快速阅读，那么，什么是速读呢？速读现大多叫作“全脑速读”。科学原理早已提示：人的大脑分为左右两部分，各自分管并对不同的信息内容进行处理：其中右脑主要是对图形和图像进行记忆及加工，而左脑主要是处理诸如逻辑、数字、文字等非形象化的信息。

科学研究已经证明：我们一直在用的传统阅读方式，是左脑阅读，主要运用的是左脑的功能，而速读则不同，它是结合左脑和右脑的功能，且各自发挥了左右脑的优势，也就是共同进行文字信息的形象辨识、意义记忆和理解。

快速阅读是一种“眼脑直映”的科学运用视力和脑力的方法，这种“眼脑直映”式的阅读方法省略了语言中枢和听觉中枢这两个可有可无的中间环节，将文字信号直接映入大脑记忆中枢进行理解和记忆。所以，眼睛所看到的文字可以如同图像一样，一眼所看到的文字信息同时“并行”地进入大脑中枢，以与大脑思维速度相匹配的速度供给信息，使二者的工作协调，趋于同步，这就是快速阅读效率极高的主要原因。

事实上，人们一直认为，细嚼慢咽的精读是最好的阅读方式，我们不能否认这种阅读方式的合理性，但同时，我们也要看到其中的不足，理解记忆与精读并不是一回事，虽然精读利于理解，但却是最不利于记忆的阅读。这是因为精读节奏过于缓慢，这一点与人的头脑的运行速度是不相匹配的，而快速阅读却相反，一方面，它是利用人脑对图像的超强记忆能力来整体记忆摄入的文字；另一方面，它运用经训练后所具备的优良的超宽视觉能力，大量和快速地摄取文字信息，使得它提供信息的速度和大脑处理信息的节奏更接近，更容易协调和匹配，能够在很短的时间处理大量的文字材料。所以快速阅读是需要经过严格却又科学的训练方能获得，更有利于理解记忆，自然比传统的阅读方式更出色。一个技巧熟练的快速阅读者，在速读时的理解记忆效果也是相当好的。所以速读是最有利于记忆的阅读。

通过以上阐述我们可以看出，快速阅读是一种纯粹运用视觉的阅读，是一种讲求效率的阅读，是一种更符合人的思维特征的阅读，同时是一种节省视力和脑力的阅读，是一种更有利于记忆的阅读。掌握了速读技能的人能以超过平常人十倍甚至几十倍的速度进行阅读，换句话讲就是“一目多行”，速读高手甚至可以达到“一目十行”。例如一般人的阅读速度平均为200~500字/分钟，而掌握速读技巧的人能以2000~5000字/分钟的速度阅读书籍和资料。它能节省视力和脑力，更有利于记忆。速读法并不神秘，它只是将人们自身就具有的对图像的识别能力运用到文字的阅读中去，从而改变了人们多年来所形成的传统阅读习惯。

我们习以为常的传统阅读法，实际上就是音读和默读。

所谓音读，就是按照发音一个字一个字地读，默读其实也是这种阅读方式，只不过没有发出声音而已。也就是说，这不是在视觉抓住时就认知的，而是由听觉来确认的。无论是音读，还是默读，其实都是在听觉的反应下认知的。

语言是由一个一个的音组成的，而且必须顺次发音，发每一个音都需要一定的时间。所以，这就是音读和默读这些传统的阅读方式更耗费时间的原因，为了避免这一点，我们更推崇快速阅读，快速阅读是一种视觉化而非听觉化的阅读方式。这样，我们可以彻底摆脱听觉来确认的习惯，使我们的视觉功能不再受一个个音组成的音声化现象的束缚和干扰，而获得彻底的解放。于是，脑的视觉性语言中枢功能就在彻底解放中获得明显的发展，也唤醒了大脑卓越的潜在功能。

速读的要领是：要用眼睛读，不要用声音读；在阅读文章时，将所看到的文字直接在大脑中唤起意识。眼停的次数越少，阅读的速度就越快。换句话说，阅读时要尽量摄入较大的文字信息量，每次眼停时不是感知一个字、一个词，而是要感知整句话或整段文字。只要科学用脑，读思结合，养成习惯，就能迅速掌握速读方法并运用得得心应手。而快速阅读的语言学家们在长期不懈研究后最终发现：人的左右脑机能特质是快速阅读的主要基础。

所以，阅读应该是一种纯粹的视觉性行为，是可以由善于处理视觉信息的右脑来出色地完成的。这样，由右脑承担综合视觉性印象的部分，由左脑承担综合意识性印象的部分，使阅读中的理解有了双管齐下的功能，当然有卓越超群的效率了。

关于速读的误解

提到速读，顾名思义，就是快速阅读，也就是追求一目十行的阅读效果，然而，阅读真的是越快越好吗？当然，在能获得同样阅读效果的前提下，自然如此。但是，阅读的目的是获得知识或休闲娱乐，所以阅读并非竞赛，不必一味追求速读。

因此，如果阅读读物不好理解，那么，我们宁愿放慢速度，也要保证阅读效果。我们在速读时，最好是能达到既快又好的目的，这一点是可以通过一些科学的训练方法获得的。一味地追求高速阅读是不好的，我们需要为自己制订一个合理的、可实现的阶段性目标，这样，才能循序渐进达到既快速又能理解掌握的目的。

不过，我们看到更多的是，一些读者对此有误解，他们一味地求快，诚然，我们都有竞争的心理，希望超过他人，阅读也是如此。不过我们需要注意的是，阅读效率的提升，是要在心境放松的情况下进行的，也就是，我们只有调整好心态、全身心地投入阅读中，才能全神贯注地阅读，才能提升专注力，进而提升自己的阅读速度，如果有求快心理，反而导致心情紧张，记忆力和思考力也会有所降低。

所以，我们在阅读时，千万不可对自己进行“加快速度”的心理暗示，也不必紧张，而是要通过练习速读使之成为一种阅读的习惯。关于如何训练自己掌握快读阅读方法，我们在下一节会着重讲述。

关于速读，还有一些人认为，速读就是熟能生巧，阅读越多，自然就能达到速读的目的，其实这也是一种误解。诚然，我们都知道，记忆是以重复为基础的，而且记忆又是阅读的基础，重复练习的确是速读的重要手段，但速读却并不是机械地重复和毫无根据地练习就能达到的，而是需要我们掌握科学的训练方法，且需要我们做到科学用脑、用眼等。

不过我们还是要重申练习对于速读的重要性，我们在平时可利用一些内容比较浅显、阅读难度较小的书籍来练习，等到熟练掌握后，再阅读深奥的书。

上面我们提到了人们对于速读的两种误解，还有一种误解是，认为速读等同于快速记忆。的确，我们在市面上看到很多书介绍快速记忆的方法，有些确实具有理论依据，不少人也根据这些方法提升了自己的记忆能力，所以，我们能将快速记忆运用到速读中。然而，速读绝不等同于快读记忆，因为理解是速读的基础，一些记忆力超强的人并不一定会速读。

举个例子，我们都知道，儿童的记忆力比成年人强，但是如果同时给他们一本书让他们阅读，成年人的阅读效果一定比儿童强，这是因为成年人的理解能力强于儿童。但即便如此，作为儿童，也不必羡慕成年人的阅读能力，它会随着阅历和经验的提升而提高的，而作为成年人，更不必羡慕儿童的记忆力，因为成年人也从拥有超强记忆力的儿童时期经过。

作为成年人，如果你发现自己的记忆力开始衰退，你也不必难过和懊恼，因为一旦你在阅读时被这些负面情绪侵扰，那么只会阻碍自己的正常理解与思考，进而影响你的阅读效果。其实此时，你的记忆力是可以改善的，你可以通过唤醒自己的想象力、视觉、听觉等多重感觉，从而在一定程度上唤醒记忆力。

所以，我们可以说，增强记忆力不是速读的关键。

关于速读，最后人们还有一点误区，他们认为速读十分神秘，一般人无法做到速读。其实也不然，只是一些人在尝试失败后就不再尝试，进而认为速读是无法掌握的。

为了表明速读并不神秘，我们在正式开始速读前，可以先对自己的阅读能力进行一些测试，我们最好选择晦涩难懂、陌生的、枯燥的书、然后开始阅读，我们可以先阅读10分钟以上，挑出其中完整的一章，在阅读后，我们要求能大致复述阅读的内容，然后看看自己阅读的每行字数、阅读的行数来估算阅读的总字数，再除以阅读的时间，这样我们就得知自己的阅读速度了。

如果你认为这种测试方式不够准确的话，可以多进行几次，算出平均值。

一般来说，普通人的阅读速度为200~400字/分钟，当然，人的阅读速度与受教育程度、个人的阅读经历有一定的关系，当其他条件相同时，阅读速度的影响因素一般是阅读的内容，阅读内容难度越小，阅读越快，反之则越慢。

我们这一测试的目的是了解自己的阅读速度，以便于以后更好地提升自己的速读效果。

掌握速读的训练方法

我们可以说，阅读速度是速读能力高低的重要标志之一，阅读能力包括理解力、记忆力和速度三个方面。在知识量急剧发展的现代社会，培养速读能力是不可忽视的。从当前多快好省地提高学员的自学成才能力来说，培养高效速读能力确是速读训练的重点和当务之急。那么，除了平时参加训练外，还有些什么办法可以培养自己的速读能力呢？

“速读”首先就是要读得快，在快速阅读中掌握理解和记忆。读得快，要求对所读书籍或文章理解得快、记得快，讲究看书的“高效率”。否则，一味求快，浮光掠影，没有效果，快了也没用。快，容许略，不容许粗，更不容许错。快速阅读的能力不是一个孤立的能力，理解、记忆、速度三个方面构成阅读能力的整体，因此，我们的速读训练还必须从以下五个方面来增强速读能力。

1. 掌握看书扫视法

想要读得快，自然要看得快，这是由快速阅读的特性——视觉化决定的。

我们发现，小学生在开始阅读的时候，往往需要用手指着书本上的字一个字一个字地读念，这样阅读自然很缓慢。后来，我们逐渐学会了以词语和语句为单位进行整体阅读，开始学会扫视，这样，我们的阅读速度开始慢慢提高起来。在快速阅读中，我们就是要提升“看”书的速度，逐步扩大“视知觉广度”，这就是看书扫视法。

2. 掌握看书搜索法

要提高阅读速度，更要有快速搜索的能力，即在看书时能快速找到所需文章目录、文章重点或我们对文章所关心的部分。

为此，在快读阅读的训练中，我们要有目的、有重点地阅读，提升自己发现重点的能力。我们在训练中必须养成有目的、有重点地进行阅读的习惯，进而在阅读时善于发现重点，增强找到问题和分析问题的能力。对此，我们可以运用提要法进行训练。

训练的材料，可以用训练文章中的“短篇”“阅读”的阅读文章，对这些文章要求能抓住各段大意。掌握段意最方便的办法是抓“主句”，也就是抓住说明全段主要意思的句子。

3. 掌握速读中心法

这种快速阅读技巧就是要求我们在训练中能迅速找到所看书本或文章的中心思想。有的文章，标题就说明了中心思想如《要造成一种民主空气》，有的在文章开头和结尾点明中心思想如《讲讲实事求是》《为了六十一个阶级弟兄》，有的则通过主要事件来表达中心思想，只要根据主要事件就能很快确定中心思想如《荷花淀》《反割头税的斗争》。

4. 掌握速读概括法

通过快速阅读要求我们能看清书籍或文章的内容提要，迅速把握文章主要脉络和大意。有的是写情节提要如《“老虎团”的结局》，有的写中心论点和分论点如《民族的科学的大众的文化》，有的可制图表如《人类的出现》，有的要求学生摘录警句如《纪念刘和珍君》和佳句如《土地》《秋色赋》等。这几种要求，不是读每篇文章都要做到的。根据不同的阅读材料及其不同特点，提出不同的要求，久而久之，就能养成正确的学习习惯，提高阅读的效率。

5. 掌握速读提问法

看书与做事一样，如果想要好的效果，在起初必须有明确的目标和看书指向，即需要向书中了解和掌握什么东西，记忆什么内容，特别是在面临考试复习时看书，目的性就更要明确。这样看书时我们就容易形成带着问题去看书和复习课文的习惯，就会起到事半功倍的效果。

叶圣陶先生说过，“无论阅读何种书籍，要把应当记忆的记忆起来，把应当体会的体会出来，把应当研究的研究出来，总得认清几个问题——也可以叫作题目”。“善于读书的人，一边读下去，一边自然会提出一些问题和题目来”。

在培养速读能力时，可提出一些问题，要学员能迅速阅读后解答。例如教《实践是检验真理的唯一标准》时可提问：为什么说检验真理的唯一标准是社会实践？学员要迅速在书上找到一段话作为答案：“这是因为——科学史上的无数事实，充分说明了这个问题。”这些问题要有思考性，要让学员想一想之后再回答。在提示之外，学员如能自己提出问题，当然大可奖励。但是提得有无价值，得当不得当，还须由教师注意与指导。有些文章的内容，可由自己编一些题目来概括，如《崇高的理想》一文就可以编出一系列的问题：什么是理想？为什么说理想是有社会性、阶级性的？什么是伟大的理想？为什么说实现共产主义是我们最崇高最伟大的理想？到了高年级，还可以进行专题阅读，由教师出一专题，让学员自找参考书阅读后解答，养成学员“选读”的习惯和能力，也可以提高阅读的速度。例如，教师布置学员找一些材料说明“用眼卫生”的问题、“文明礼貌”的问题等。

总之，阅读速度同视知觉广度、阅读者的经验知识、思维能力和阅读习惯方法以及年龄特征有关。我们培养自己的速读能力，就要看得快、懂得快、记得快，在“懂、巧、熟”上下功夫。

速读基本要求：视读不声读

我们都知道，速读是在快速阅读的目的性更明确、自身的注意力更集中的情况下进行的，是通过科学用眼和科学用脑，快速而高效地获得知识信息的一种阅读方法。

因此，速读的基本要求是，阅读时千万不要读出声。原因有二：其一，一般人的语速比视读速度要慢；其二，声音会对阅读者造成干扰，影响阅读效果。

其实，我们发现，很多人在阅读时会发声，因为他们会有“嘴”跟不上“眼”的感觉，这样就会导致阅读速度被拖慢。

在阅读过程中若有声音干扰，会影响大脑皮层工作，降低专注度，不利于记忆和理解阅读内容。有些人习惯于阅读时发出声音或者做出相应的嘴形默念文字，这些习惯为阅读大忌，应注意纠正。不过，在阅读中默念一些关键词不会对阅读速度造成太大影响，反而加深印象。

出声阅读是影响阅读速度的重要因素。实验统计表明，朗读的速度最快每分钟只能达到200字，而默读每分钟可达800字左右，是朗读的4倍。因此，提高阅读速度首先要学会默读。默读的关键在于避免出声，有的人在阅读时虽然没有明显的出声现象，但是仔细观察会发现他的唇或舌在动，说明其阅读时仍有不易觉察的潜在发声现象，这仍会影响到阅读的速度。在实际阅读训练中，要有意识地克服唇动、舌动的现象。

另外必须补充的是：笔者从某一篇文章中看到，不同人对于文字信息的处理方式不同，有一类人是听觉型的，也就是更善于通过语音理解意思。也许这类人更适合声读。

那么，我们该如何速读呢？

为此，我们需要掌握以下几点。

1. 视读的技巧

人在默读的时候，很容易走神，因为缺乏持续有效的刺激，这时提高阅读速度就更为重要。练习提高视读速度的一种有效方式是用笔快速滑动，牵引视线快速移动，可以带动训练视读速度的提高。长期练习后，阅读速度甚至可以提高3倍以上。

视读的时候，绝不是一个字一个字地看，而是一小段字一小段字地看，视线的焦点落在每一行的关键词语或短语上。熟练之后，甚至可以每次视野扩展到相邻的好几行。

2. 快速理解更重要

追求快速阅读而不求甚解是舍本逐末的做法，快速理解相比于快速阅读更为重要。

快速理解书中内容的最好方法就是提问。我们可以在阅读时问自己这样两个问题：

（1）具体讲了什么？

（2）主旨是什么？

通过在脑子中建立这样的问题意识，就能够在快速阅读时达成更好的理解。

而真正检验自己是否理解的方式是复述，如果在读完后能够用自己的语言复述大意，那说明理解到位了。

总之，人类本身就具备快速阅读的生理、思维和语言等各种基础条件，只要学会正确方法，坚持长期训练，每个人都会掌握快速阅读技能。

速读中提高专注度的方法

清华大学国学大师陈寅恪，在一次演讲中送给青年人一句话：“心有浮躁，犹草置风中，欲定不定。”他告诫学生要自定心神，集中精力，清除浮躁，专注功课。托马斯·爱迪生曾说过：“成功中天分所占的比例不过只有1%，剩下的99%都是勤奋和汗水。”这句话告诉我们所有人，无论是在未来还是当下，无论做什么事，我们都要做到专注。我们阅读一本书也是如此，专注能提升阅读效果，而如果无法做到专注，那么，我们一定要纠正。

实际上，保持良好的注意力，是大脑进行感知、记忆、思维等认识活动的基本条件。在我们阅读的过程中，注意力是打开我们心灵的门户，而且是唯一的门户。门开得越大，我们学到的东西就越多。而一旦注意力涣散了或无法集中，心灵的门户就关闭了，一切有用的知识信息都无法进入。因此，良好的注意力会提高我们阅读的效率。

可能你也发现这样的现象，对于你阅读的某本书中的内容，为什么有很多人看了很多次都记不住？为什么一看书就烦躁？原因还是急于求成、心浮气躁。

我们都知道，急躁是读书的大忌，任何一件事，从计划到实现的阶段，总有一段所谓时机的存在，也就是需要一些时间让它自然成熟的意思。假如过于急躁而不甘等待的话，经常会遭到破坏性的阻碍。因此，无论如何，我们都要有耐心，压抑那股焦急不安的情绪，才不愧是真正的智者。

那么，我们该如何做到在阅读中集中注意力呢？

1. 明确阅读目的

我们阅读的目的越明确，对阅读的意义认识就越清楚，注意力就能越集中。知道自己一天下来该做什么，该收获什么，就不会觉得空虚。

2. 培养阅读兴趣

兴趣是最好的老师，首先要热爱阅读，才能真正集中注意力，因此，我们要在自己的精神意志中对自己说阅读是一件有趣的事。

3. 为自己营造一个安静的阅读场所

对于一些有学习目的的阅读者来说，非常简单，当你在家中读书时，你要先将书桌上与阅读无关的物品全部清理掉。否则，你的注意力很容易转移到那些物品上。这种空间上的处理，是你训练自己注意力集中的最初阶段的一个必要手段。

4. 学会自我克制

自制力对于一个阅读者来说很重要。要克制外界的诱惑，闹中取静看的是心态。

5. 阅读要全神贯注

我们全神贯注的程度，决定信息接收的量和信息活动的质，决定整个阅读过程的效率。

6. 积极认真地思考

阅读离不开思考，多思还能调动我们的思维，从而让我们专注于阅读。

注意力的集中作为一种特殊的素质和能力，需要通过训练来获得。因此，当你因注意力无法集中而影响学习、备感苦恼时，不妨采用以上方法来矫治、训练自己注意力，提高自己专心致志的素质。当发现自己有无法集中注意力的情况时，就要排除干扰，保持集中注意力的心理状态。

我们应先深入文字之中，不能被书的难度吓倒，望而却步。接下来，我们试着封闭视觉以外的其他感观，所谓“两耳不闻窗外事，一心只读圣贤书”。

阅读的时候应该意识到自己在阅读，而不是机械地重复动作，任由下意识的行为控制自己的阅读。这也说明阅读需要主动性，越主动越容易集中注意力。

总之，我们每一个读者，都需要明白的是，注意力的培养，要有一个积极的态度去面对，最重要的就是心态。除此之外，你还需要掌握一些必备的注意力训练的方法，成为一个专注和认真的读者，能帮你很快提高学习效率。

掌握速读的主要方法

前面，我们已经分析过，要想学会速读，有很多训练方法。此处，一些读者可能会产生疑问，那么，速读本身有没有方法呢？对此，我们总结了以下几种方法。

1. 浏览法

浏览法所针对的是那些一般不需要细致了解的书籍，我们可以对其从整体上把握，了解书中一些大概需要学习的内容。它可以在有限的时间内尽可能广泛地了解信息，有助于开阔视野，是博览群书所常用的重要方法。

浏览阅读主要是重点注意文中的一些关键位置：一是篇名，包括文章的题目和书名，题目是文章的眼睛，往往集中概括了全文的主要论点、主要论题或是主要内容等。这些将会帮助读者对文章或书籍的大体框架、基本思路有所了解。二是正文，这一部分浏览的关键主要是开头、结尾以及中间各段落起首的中心句。将这些关键部分浏览完毕后，会对文章或书籍形成总的印象，如果经回忆有不够完整的地方，或有值得深究之处，可再做必要的重点补阅。

2. 扫读法

扫读法是指对文章内容一目数行、一目十行地扫视，以大容量获取信息的一种快速阅读方法。

扫读法不像传统阅读方法那样逐字逐句地来读，而是将眼停的视域尽可能扩大，将几行文字、一段文字甚至整页文字作为每次眼停的注视单位，在快速扫视中获得对文章或书籍的总体印象、整体理解。这种方法最快可以由数行扫读达到一页一页扫读，逐页扫读的方法又称面式阅读法。由于摆脱了个别字句上的语意纠缠，这种方法不仅提高了阅读速度，而且并不像有些人担心的那样会影响理解程度，很多时候甚至比逐字逐句阅读更能够把握文章内容的精髓。扫读法阅读的速度非常快，但要熟练掌握这种方法必须经常做专门训练，如经常做一些视力扩展训练，在平时阅读时要注意克服逐字逐句阅读的习惯，有意识地扩大每次眼停的视野范围。利用舒尔特数字表等进行专门的视力扩展训练，也是非常有效的方法。

3. 寻读法

寻读法是指为得到急需的有关资料，在众多相关书籍资料中搜寻查找的一种快速阅读方法。

寻读法是日常工作和学习中经常使用的一种快速阅读方法。我们在辞典中查阅某个字词的意义或读音；在报纸上查看当天的重要新闻；在电视报上了解想看的电视节目；在产品说明书中查询某个故障的排除方法；在某本书中通过目录提要寻找自己最感兴趣的内容；在写作中收集需要引用的有关资料等时，都会自觉不自觉地用到寻读法。寻读时，是指在快速扫视书页的过程中，能够很快地对自己所要查找的某些问题的细节如人名、地名、事件、年代、概念术语等，做出识别判断。这种快速筛选识别信息的能力，需要在阅读实践中不断锻炼提高。

4. 猜读法

猜读法是指在读书读文章时，以所了解的题目或已看的前文作为前提，对后面的内容预作猜想，然后将其与后文实际内容进行印证比较的一种阅读方法。

猜读法使读者角度转换为作者，为作者设身处地地考虑作品内容的安排，这就使阅读活动始终处于高度活跃的积极思维状态，有助于锻炼提高读者的认识判断能力、创造能力。随着猜读准确性的提高，读者在阅读中领会把握作品内容的时间就会大为减少，因而猜读的能力对提高快速阅读能力也会起到重要的促进作用。猜读法最常见于情节类的作品阅读中，如《老人与海》中在读到桑提亚哥刚遇到鲨鱼之时，读者便可以猜想作者会怎样写他与鲨鱼的较量？最后结局会是如何？其他类型的作品，也可用猜读法阅读。读议论性文体时，可以先由题目设想作者怎样提出论点，采用哪些论据，用什么方法来具体论证。

运用猜读法时需要注意，猜读要以原文的某些材料做依据，不能毫无依据地凭空乱想。猜想之后，要在原文的相关处重点阅读，将猜想与原文的内容进行对照，一致便说明自己较好地理解了作品，不一致则说明自己的理解或作者对内容的处理有问题。在不断的猜想、比较、总结中，猜读能力会不断提高，思维能力与创造能力也会得到很好锻炼。

5. 跳读法

跳读法是指跳过一些无关紧要的部分而直取读物的关键性内容的一种快速阅读方法。

跳读与扫读不同，扫读是逐页扫视，而跳读则是有所取舍地跳跃式前进，只停留在那些最有价值的内容上阅读，其他次要内容则大段大段甚至整页整页地略过。所以，善于运用跳读法阅读，不但可以提高阅读速度，而且能够很快抓住关键，把握文章要旨。可以根据关键词语的提示阅读，有关键词语的地方大都是同阅读者所关心的内容或问题联系最密切的；可以重点在篇章的开头、结尾，文中段落的首句或尾句跳读，这些常常是议论性文体的主要观点或论据要点的所在；可以沿着情节发展线索跳读，如在记叙文体中情节之外的纯景物、人物的大段静态描写可直接略过；可以根据语法结构的提示跳读，通过结构词语的帮助来把握书中的思路，如“由此看来”“总之”等就可提示读者很快找到关键性的总结句。

警惕负面情绪影响你的阅读

生活中，我们每个人都有负面情绪，如悲伤、恐惧、愤怒、焦虑等，这些负面情绪只有经过引导和处理，才能避免给我们的生活带来不利的影响。阅读同样也是如此，如果我们做不到心平气和地投入阅读中，是无法获得好的阅读效果的。为此，我们需要克服以下这些负面情绪。

1. 畏惧之心

一些读者在面对那些难度较大的书籍时，往往会产生一种恐惧心理，注意力无法集中。有时候就连读者自身都没有意识到自己这一情绪的存在，但事实上它确实是我们阅读中最大的心理障碍。

其实，我们发现，如果我们阅读的是自己非常熟悉的书籍或者难度较小的文章时，我们是不会产生畏惧心理的，因为读者此时已经对书籍的难度大小和自己的阅读能力有了清楚的认识，认为自己能完成自己的阅读任务。

畏惧心理的产生，是因为我们会认为自己和书籍的难度不匹配，要么是认为自己的阅读能力不足；要么认为预期目标与阅读体验不匹配，如希望在多长时间内完成一本书的阅读，但却没有做到，或者要记住书本的某些内容，也没有做到；要么是觉得自己的身体状态与阅读所需要的状态不匹配，如因为身体不舒服而无法达到好的阅读效果。

为此，我们若想克服阅读中的畏惧情绪，最好对症下药，找到我们恐惧的根本原因，然后加以克服。如果身体不适，就想方法让自己获得好的身体状态；如果书的内容太难，那就先做足阅读前的准备工作；如果达不到快的阅读速度，就不要一开始就给自己定下一分钟必须阅读多少的目标。

无论如何，我们都要明白，我们始终是书籍的主人，要掌握阅读中的主动状态，而不是被书本掌控。

2. 对书籍及作者产生的个人偏见和失望等心理

我们阅读一本书，会随着书中内容的变化，而产生不同的情绪，如遇到自己认同或者感兴趣的内容，会产生积极正面的评价，而对那些自己不认同或者不感兴趣的，很有可能“嗤之以鼻”。我们很容易因为自己的主观偏见和情绪而对一本书做出评价，进而产生正面的或者负面的情绪，这在所难免，但应尽量避免，因为一旦被情绪蒙蔽双眼，我们很难真正理解一本书。

的确，理解是我们阅读一本书的根本目的，理解需要我们尽量摒除个人情绪而应让理智来思考，我们的头脑如果被情绪占据，就无法正常思考。

所以阅读时，我们应尽量掌控自己的个人情绪，尤其是不要对作者或书本身产生情绪或者个人偏见。

我们发现，一些读者，他们在阅读完一本书，甚至还未阅读完时，并不对书中的内容做剖析或理解，也不对书中的观点进行评价，而是对书或者作者本身宣泄自己的负面情绪，如失望、愤怒等。这样的阅读，效果可见一斑。

如果你也容易对书或作者产生情绪，你首先要找到自己情绪的来源，加以控制和克服。①我们对书中的内容，要深思，不可产生任何情绪。②对于书中作者的观点，我们要问问自己，这一观点有没有什么可取之处，是否有合理的地方。③我们要明白，任何书的内容都可能会受到地域、时代甚至是个人经历的局限，我们不能忽视这一点。

3. 负罪感

你可能会纳闷，我们在阅读时哪来的负罪感呢？其实这种情绪是有的，而且十分微妙，虽然这种情绪并不明显，但确实存在。那么，负罪感究竟从何而来？

日常生活中，我们可能会因自己做过错事而产生负罪感，难道我们也会对书籍做什么错事？其实阅读之中的负罪感可能在开始阅读之前就已经产生了，如原本我们制订了一个读书计划，但到时间了却没有完成；买了一本好书，准备认真读，却没有做到等。此时，心中的“负罪感”就产生了，带着这样的负罪感阅读，难免会产生心理压力，怎么会读好书呢？

那么，我们该如何消除心中的负罪感呢？

最好的办法就是立即去认真阅读，负罪感自然会慢慢消除。

其实，以上这些糟糕的情绪，我们可以统称为焦虑情绪。

焦虑是一种十分普遍的情绪，有这种情绪的人往往坐立不安、心绪难宁、脾气暴躁、容易被激怒。

阅读之中的焦虑情绪往往与恐惧相伴而生、互相促进，形成恶性循环。焦虑通常源自压力，不过，阅读中的焦虑不一定是由阅读的压力造成的，生活中的各种压力若未能得到及时释放，则会影响阅读时的心情。

要克服阅读中的焦虑情绪，我们应做到身心的全部放松，在阅读前要先放松自己的身体，这样有助于放松心情。然后活动下自己的四肢和脊椎，也可以远眺放松。还有一种方法是很多读者推荐的，那就是冥想法。我们可以进行自我暗示，然后放松自己身体的每个部分，能帮助我们抛却杂念、放松身心。

克服焦虑的情绪之后进行阅读，我们就可以更快地进入“忘我”的状态，更容易获得专注力，进而获得好的阅读效果。

第6章

反复阅读，抓住精要——精细阅读

在众多的阅读方法中，有一种方法为精读。所谓精读，是以掌握阅读方法、发展阅读能力、理解文章内容、积累知识为目的的读书方法，即精细深入的阅读。要求“字求其训，句索其旨。未得乎前，则不敢求乎后；未通乎此，则不敢志乎彼”。把字字句句读明白，达到“使其言皆若出于吾之口”“使其意皆若出于吾之心”（朱熹）的融会贯通的理解水平。对文章的语言、结构、内容、写作方法等，进行细琢细磨的研读，经过努力钻研，从困勉达到理解。

古人的精读方法有哪些

读书的方法有很多，我们要想吃透一本书，就必须做到精细阅读，也就是我们说的“精读”。

关于精读，我们古人总结出了一些很受用的方法，总结起来有以下三种。

1.“四到”“五用”

宋代罗大经所撰《鹤林玉露》中记载了这样一件事：

宋初宰相赵普，人言所读仅只《论语》而已。太宗赵光义因此问他。他说：“臣平生所知，诚不出此，昔以其半辅太祖定天下，今欲以其半辅陛下致太平。”

这个故事引申出了“半部《论语》治天下”的说法，而故事的主角赵普也被奉为“精读”的典范。

宋代理学家朱熹曾言：读书有三到，谓心到，眼到，口到。到了近代，著名学者胡适在“三到”的基础上加了一个“手到”，成为“四到”，于是形成“眼到、口到、手到、心到”的读书方法。鲁迅又在“四到”的基础上加上一个“脑到”，总结为“五用”。

古人认为一切从“心”，心是控制思想的器官，因此朱熹认为读书时重点是“心到”，也就是集中注意力，然后自然能做到“眼到”“口到”。胡适添加“手到”，强调了阅读过程中做笔记的重要性。鲁迅早年学医，有感于时人麻木与蒙昧，提出“脑到”正是为了强调用“脑”思索，发现规律，提出问题，勇于创造，以此区别于“心到”强调的专注。“五用”的提法虽然仍有不严谨、不科学之处，却道出了精读的基本方法：集中注意力（心到），认真看（眼到），认真背诵（口到），认真做笔记（手到），认真思考（脑到）。

2. 提要钩玄

这一阅读方法是唐代散文家韩愈提出的，他在《进学解》中写道：“记事者必提其要，纂言者必钩其玄。”

后人将他的话概括为“提要钩玄”读书法，大意就是：对于记事性质的书籍，阅读时必须提出纲要；对于那些理论方面的书籍，阅读时则要注意探取其深奥的观点。“提其要”，可以使阅读者对书中事件的全过程一目了然，然后进一步了解事件各环节之间的联系，从而透过现象看到本质；“钩其玄”，可以使阅读者看清作者的观点，把握重点，然后可以从作者的研究方法、思维方式中得到启示，从而形成自己的观点。

按照“提要钩玄”的方法，读书时首先要将书分门别类，然后按其不同性质采取不同的阅读方法。其实，“提要”和“钩玄”可以同时运用在一本书的阅读中，“提要”对应前文“读书四问”中的第一问，要知道这本书讲了什么；“钩玄”对应第二问，即知道作者的观点。“提要钩玄”重在强调知识的获取，在此之后提出并回答后两个问题，才能学以致用，得到提高。可以认为，“提要钩玄”是精读一本书最基本也最通用的方法。

3. 八面受敌

这个方法出自苏轼。宋代沈作喆《寓简》中记载了“八面受敌”读书法的由来：

一个名叫王庠的读书人在准备参加科举考试时，向苏轼请教读书方法。苏轼写信回复他，给了他一些应试的建议，并提醒他读书并无捷径，要靠平时努力积累，同时介绍了自己的读书方法：

“但卑意欲少年为学者，每一书皆作数次读之。书富如入海，百货皆有，凡人之精力，不能兼收尽取，但得其所求者尔。故愿学者每次作一意求之。如欲求古今兴亡治乱圣贤作用，但作此意求之，勿生余念。又别作一次，求事迹故实典章文物之类，亦如之。他皆仿此。此虽迂钝，而他日学成，八面受敌，与涉猎者不可同日而语也。”

苏轼认为，书本纷繁复杂，我们需要学习的内容也是浩瀚如海，但我们的精力有限，不可能一次吃透一本书或者达成众多阅读目标。为此，我们阅读时最好将一本书分而化之，每次只关注一个主题，“一意求之”，将一个主题研究透彻之后，再次阅读时关注另一个主题，这样阅读多遍，“八面受敌”，虽然看起来迂回费时一些，但阅读的效果是略读一遍无法比拟的。

苏轼自己读《汉书》时就用到了这一方法：“吾尝读《汉书》矣，盖数过而始尽之。如治道、人物、地理、官制、兵法、财货之类，每一过专求一事。不待数过，而事事精窍矣。”

清末学者李慈铭称赞这种读书法“诚读书之良法也”。毛泽东在《关于农村调查》中也提到将这种“八面受敌”的思想用于研究中国革命。

可以看出，苏轼的读书法是需要耗费时间和精力的，因此对于我们前面所说的“零食”“快餐”读物来说并不适合，但却适用于那些思想深奥、内容复杂、需要不断“啃”的书籍，不可一味地追求速读，而应该要有充足的时间精力，方能取得良好的效果。

其实，这一精读方法也蕴含了多个阅读层次。例如，在确定一本书包含多方面内容时，需要进行检视阅读和分析阅读；深入研究一个主题时，则类似主题阅读。受时代所限，苏轼提出这种读书法时，书籍的类型、数量不多，许多读书人皓首穷经只为一部书，所以“八面受敌”读书法也是针对阅读单部作品提出的，与主题阅读的实际操作有很大区别。说到底，“八面受敌”读书法是将阅读的“专”与“博”结合起来，划分主题时“博”，深入阅读时“专”；而主题阅读是选择主题时“专”，选择书籍时“博”。不过，“八面受敌”读书法本质上仍是“主动阅读”，与主题阅读的主动性一致。

我们可以将这种读书方法用于主题阅读，取“一意求之”

的本意，即确定一个主题，精研深究，再把“八面受敌”的广泛阅读思想扩展到多本书籍中去。这样进行主题阅读，已非“八面受敌”读书法的本意。用“八面受敌”“一意求之”来阐释主题阅读，是为了使读者对“主题阅读”产生明确清晰的印象，以利于主题阅读的实践。

识文解义是精读的基本要求

我们精读一本书，最基本也最直接的要求就是识文解义。

那么，什么是识文解义呢？

所谓识文，是指知道书中说的是什么意思，对应“这本书究竟讲了什么”；解义是指知道作者想要表达什么观点，对应“作者通过这本书解决了什么问题”。每个阅读者都具有“识文”与“解义”的能力，只是偏好不同，方法各异。

“识文解义”并非没有方法可循，如果掌握了一定的方法，可以事半功倍。

其实，我们精读一本书，并非要求我们对一本书进行一字一词的斟酌，我们将整句进行细化到短句或者句子即可。

现代汉语的短语类型主要有主谓短语、偏正短语、动宾短语、动补短语、并列短语、介宾短语等。句子主要有主语、谓语、宾语、定语、状语和补语六种成分，不同的组合会形成不同的句式。

一些读者可能认为这些基础的知识并不重要，但其实很多时候我们之所以无法提高阅读速度，就是因为这些基础知识不牢靠，无法理解句中的内容。

接下来，我们就对这些知识进行分析。

1. 主谓短语

主谓短语是短语的结构分类之一，它由两个成分组成。前一个成分的功能是提出主题，称为主语；后一个成分对主题加以陈述，称为谓语。主语和谓语构成了主谓关系（或主述关系，即“主题—陈述”关系）。

主谓短语的一般形式为“什么怎么样”，前一个词是被陈述的对象，后一个词是表示陈述的词语。

在语法学术语中，主谓短语指由陈述与被陈述的两部分组成的短语。主谓短语属于动词性短语。

在短语中，被陈述的部分叫主语，一般由名词、名词性短语、代词等充当；陈述的部分叫谓语，一般由动词、形容词、动词性短语、形容词性短语充当。如“会议结束”“他教数学”“我国的土地十分辽阔”“阳光明媚”。

主谓短语可以在句子中充当主语、谓语、宾语、定语、补语，有的主谓短语还可以充当状语。例如“菊花开放是在秋天”（充当主语），“年轻人精力充沛”（充当谓语），“大家看到白菜大丰收”（充当宾语），“这是人人关心的问题”

（充当定语），“屋里乱得什么也听不见”（充当补语），“老尼姑两眼通红地说”（充当状语）。

主语可以回答谓语“谁”“什么”；谓语可以回答主语“怎么样”。

例如，觉悟提高、思想解放、阳光灿烂、心情舒畅、道理通俗易懂、我们学习、斗志昂扬、意志坚定、身心愉悦、工作繁忙。

特殊主谓短语：名词做谓语。例如，今天星期三、明天国庆节、他中等身材、你是中学生。

由表示陈述和被陈述关系的两个成分组成，表示被陈述对象的是主语，用来陈述的是谓语。

2. 定中短语

定中短语也叫“体词性偏正短语”，是语法功能相当于体词的偏正短语。

定中短语的修饰语是定语，充当中心语的一般是体词性成分，定语从领属、范围、质料、形式、性质、数量、用途、时间、处所等方面描写或限制中心语。

例如：

胡子拉碴的年轻人　办事精明的老王

胖师傅　这个家　语法分析　野生动物　壮丽的山河

新建的校舍　一张写字桌　重重叠叠的浓翠　古生物学家

用旧了的自行车　勇往直前的决心　阴云密布的傍晚　面

无表情的样子　一个想法

定中短语的中心语一般是体词性成分，如名词、代词、数词、体词性联合短语等。有时谓词性成分也可以充当中心语，如“经济的振兴”“智力的开发”“框框的束缚”“满腹的怨恨”等。

充当定语的成分比较灵活，如名词、动词、形容词、代词、介词短语等。

3. 介宾短语

介宾短语由介词加上后面的宾语组成，一般用来修饰动词。

句子成分中，主语是句子陈述的对象，即“谁”或“什么”。谓语是说明、陈述主语的，一般为动词，即“做”或“是”；宾语用于表示谓语动词的涉及对象，即“做”或是“什么”；定语位于主语和宾语前面，起修饰和限制作用，一般由“的”字连接；状语位于动词、形容词、谓语前，起修饰和限制作用，一般由“地”字连接；补语位于谓语后，起补充说明作用，一般由“得”字连接。由此可知，通常一个完整的句子的结构为“定语（修饰主语）+主语+状语+谓语+补语+定语（修饰宾语）+宾语”，去掉修饰的成分就是“主语+谓语+宾语”。

介词加名词、介词加代词、介词加名词短语。

例如，为人民（服务），对群众（说），关于课堂纪律问题，当黎明到来的时候，按规定（办理），把大门（推开）。

以上我们只分析了三种常用短语的构成，还有很多需要读者自己学习、但无论如何，掌握不同短语的构成特点和句子的六种成分，即使面对陌生的话题、复杂的长句，我们也可以较容易地整理出句子的主干，确定关键词，更好地理解文字内容。

我们所说的用句子构成来识文，是一种直接的方法，在具体的阅读中，还有联想法、对比法、替换法等也是理解文意的常用方法。联想法可以根据上下文进行联想，也可以联系生活实际、已有的知识储备；对比法是从相反的角度出发，理解与之对立的意思，也就可以推导出原文的意思；替换法则是将原本的句子换一个说法，以便更深刻地理解。

希望读者在实际阅读过程中适当选择一些自己不太熟悉的题材，一来可以增加知识的广度，二来可以提升精读的基本技能。

克服反复阅读的障碍

在前面，我们已经提及复习的重要性，如古人所说："书读百遍其意自见。"在精读中，同样强调重复阅读，尤其是那些经典著作，以及一些重要的书籍，更需要我们反复斟酌。因此，我们可以说，反复阅读是精读的重要方法。

我们在前面也将阅读的书籍分为几个类型，诸如"主食"类和"零食"类等，在实际生活中，我们阅读一本"主食"型书，通常都需要反复阅读，都要经过"阅读—实践—反思—阅读—再实践”的过程，才能真正学以致用；阅读一本“美食”型书，更需要反复思考和钻研才能领悟其中的深意。不过，对于那些“快餐”类图书，通常来说就没必要反复阅读了。总的来说，书籍正是因为值得反复阅读才有收藏价值。许多经典著作内容丰富、意义非凡，值得精读，更值得反复诵记。反复阅读是精读一本书最重要、最常用的方式。

当然，反复阅读并不是毫无章法的阅读，也不是机械式阅读，那么，我们应该如何克服反复阅读的障碍呢？

细细分析，我们发现，反复阅读的障碍有以下三种：

1. 喜新厌旧，不想再读

我们有个共性心理——喜新厌旧，在阅读中，对于那些我们已经读过的书，更是这种心理。但实际情况是，对于一些已经阅读过的书，我们不得不读，因为有实际需要，典型的就是备考类书籍，对于其他的书籍，我们大可不读，但是这种书我们就不能不读了。

此时，面对无法改变的现实和无法改变的不想再去阅读的心理，我们只有从阅读方法上下功夫了。

对于这类书，我们最好的方法就是阅读其中重要的内容，而不是通篇阅读。

与通篇阅读相比，阅读重点的好处是，我们阅读的篇幅变短了，心中的阅读压力减小，也更容易产生阅读兴趣。并且，我们在阅读重点内容时，也能调动我们积极思考的能动性，提升思维的活跃性，更容易汲取书本内容。

不过，我们需要注意的一点是，阅读书籍重点内容的一个重要的前提是，我们必须明白，我们阅读的重点是什么，也就是在第一次阅读时就要找到这一重点，要吃透内容，不然，反复阅读时，依然不明就里。而对于这样的书，重复阅读并不是最好的方法，应该试着运用别的方法理解内容，千万不可在不懂的情况下就重复阅读。

2. 已经吃透，无须再读

对于已经阅读过的书，很多时候，我们会认为自己已经吃透了，根本不需要再去重读，但其实很多情况下这是我们的错觉，如果带着这种心态再去阅读，阅读效果会明显下降。

其实，面对这样的情况，我们最好能验证和检测下，如可以运用复述法、重提纲要、独立做思维导图的方法验证，这些验证的只是“是否记住了书中的内容”，要想进一步验证，就要实际应用书中的内容。如不能熟练应用，则会发现问题，进而有针对性地重复阅读。

不过，还有一种情况，就是一些读者明明已经熟练掌握书中的内容，但还是想再度翻阅书，其实，这是因为不够自信，此时，最好也验证下，消除这种消极的阅读心理。

另外，还有一种情况，一些读者因为缺乏内心的安全感也会再去阅读，或者想要延长掌握某本书之后的满足感，所以不停地重复已经熟知的内容。对于这一情况，我们还是建议不去阅读了。

因为此时我们已经没有必要再去反复阅读，而是应该尽快转移注意力，消除这种不利于阅读的心态。

3. 重读未尽，半途而废

无论是初次阅读还是重复阅读，我们都有可能半途而废，无论如何，这都是不可取的，我们都要避免。

因为将阅读到一半的书丢弃在一边，我们会时常记挂，这会影响我们的正常思维和心理，如果真的不再去阅读，我们就要自我暗示：我已经做完了，这件事已经结束了。

因此，总的来说，我们重复阅读，一定要明确自己的阅读目标，并检查自己在阅读后有没有达成自己的目标，为了避免无法达成目标，我们可以采取重点重复或者逆读的方式。重点重复前文已经提到，逆读与之类似，都是重新建立书本的结构和次序。

逆读的方式有很多种，我们可以采取纵横颠倒的方式，这样从另一个方向理解书中的内容，可以在脑中形成立体的记忆。也可以采取前后颠倒的方式，通常的阅读顺序是由因到果，逆读是由果到因，有助于形成自己的思维方式。应该注意的是，逆读也不是毫无章法、乱读一气，而是要在保证关联性和逻辑性的基础上建立新的顺序。

总而言之，重复阅读时应明确这几点：其一，不做无目的的重复；其二，不做无新意的重复；其三，不做无效用的重复。

精读一本书，要在结构上下功夫

我们精读一本书，和略读不同，需要层层剖析、深入理解，这就需要我们除了反复阅读外，还要在书中的每一个章节乃至结构上下功夫。

提到“结构”一词，我们首先想到的是建筑，如一栋大楼的构造，钢筋、混凝土还有梁、板、柱等，同样，一篇文章乃至一本书，也有它的结构，正是因为有结构，才能让文章的每个部分之间架构起来，形成框架。文章的结构有很多种，但无论哪种结构，都离不开文章的主题，必须与材料紧密结合。可以说结构是书籍的主题与材料之间的纽带。

我们精读一篇文章或者一本书，也唯有把握主题才能系统地了解填充框架的内容，虽然结构并不是直接的阅读内容，但是，它对我们的阅读起到十分重要的推动作用。懂得了“结构”，才能在阅读的“空间”里自由前行。

在学生时代，老师教导学生写作文，会告诫学生一篇文章应该有“凤头、豹尾、猪肚子”的说法，这也是三段式文章结构的重要特点。

上语出自元代陶宗仪《南村辍耕录》：乔吉博学多能，以乐府称，尝云：“作乐府亦有法，曰凤头、猪肚、豹尾六字是也。大致起要美丽，中要浩荡，结要响亮。尤贵在首尾贯穿，意思清晰。苟能若是，斯可以言乐府矣。”也称作“六字法”。

文论家也多用来评论古文写作。这是一种对诗文创作的开头、主体以及结尾的比喻说法。就是说，文章的起头要奇句夺目，引人入胜，如同凤头一样俊美精彩；文章的主体要言之有物，紧凑而有气势，如同猪肚一样充实丰满；文章的结尾要转出别意，宕开警策，如同豹尾一样雄劲潇洒。

所谓“凤头”，顾名思义，就是要像凤凰的头部一样美丽、精彩。一篇文章，到底该怎么吸引读者呢？

就是重在开头部分，开头写得好，读者就会不由自主地有看下去的冲动，如《滕王阁序》中的第一、二句。“豫章故郡，洪都新府，星分翼轸（zhěn），地接衡庐。襟三江而带五湖，控蛮荆而引瓯（ōu）越。”

都督阎公由之前的不屑一顾到听到“襟三江而带五湖，控蛮荆而引瓯（ōu）越”，立马安排人让作者继续谱序，从中可以看出一篇文章的优美和艺术必须有精彩的开头，否则别人没有继续看下去的耐心，即使后面写得再好也是徒然。

所谓“猪肚”，猪的肚子饱满而圆实，有了精彩的开头，自然不能在文章的主体上华而不实。主体是文章的中心，要像猪肚子那样有充实、丰富、饱满的内容。切记不能出现任何的拖沓、华而不实。

例如，“落霞与孤鹜齐飞，秋水共长天一色。”落霞与孤独的野鸭一齐飞翔，秋天的江水和辽阔的天空浑然一色。作者紧紧地扣住中心，表达了对滕王阁地处的景色由衷的赞叹，溢美之词不言于表!

所谓“豹尾”，豹的尾巴非常有力，比喻文章的结尾应表现力强。相信所有的中小学语文老师在教作文的时候都会说到一点：那就是“结尾点题”。这是很重要的一点，如果说一篇好的文章要有精彩的开头、充实而丰富的内容和点明中心的结尾，就相当于一个人，有了聪明的大脑，还有了强壮的身躯，那么他还需要什么呢?

对，就是“灵魂”，一个人即使拥有再聪明的大脑、再强壮的身躯，但是如果他没有“灵魂”的话，那最多也只是一个躯壳、一副皮囊而已！且看《滕王阁序》的结尾“一言均赋，四韵俱成。请洒潘江，各倾陆海云尔”。

这是三段式文章，从一本书的内容上，我们可以将其结构分为总分式、并列式、对照式、递进式铺展，或者综合采用多种形式。下面我们来分析前三种形式。

1. 总分式

总分式即分别表述与总结表述相结合而构成系统的结构方式。多用于论说文、说明文和应用文等文种，它讲究条分缕析、逻辑鲜明，部分与部分关系平列，分述与总述则有层次辈分之别。其方式有先分后总式、先总后分式和先总后分再总式。先分后总，是把所要表述的对象或主题分成若干部分或侧面，从不同角度渐次展开阐说或论述，最后在此基础上做出结论或归纳全文。先总后分与之相反，是先提纲挈领，从总体述说，然后再划分若干层次或侧面，分别阐说或论述，从不同侧面贯彻总论总述。先总后分再总是先总论，然后分而论之述之，最后再总括，更上一层楼，使文章逻辑严密、条理分明、中心突出。内容复杂的论说文常取此种方式。

2. 并列式

并列式结构法又称并列分论、排列论证。它要求围绕中心论点从不同角度提出问题，各问题平行并列、分别论证。例如，荀子的《劝学》就是从学习的意义、学习的作用、学习的态度三个方面并列地阐明了“学不可以已”的道理。

3. 对照式

这种结构法分两种情况，第一种是戏剧的谋篇布局，主要体现在场面对照上。例如，冷场、热场，文场、武场，悲场、喜场，逆境、顺境，两相对照，可加强戏剧效果。常表现为戏剧性的讽刺对照，如《梁山伯与祝英台》在悲痛的“楼台会”之前是一场富于喜剧风趣的“十八相送”，这种对照，不仅以喜衬悲，而且深刻地揭示了剧本的主题。又如《乔老爷奇遇》里，乔溪误入花轿，被抬进恶霸地主兰木斯家里，观众以为他要遭殃了，他却因祸得福，反和兰秀英成就了美满姻缘，逆境转为顺境，显示了喜剧性讽刺效果。

第二种是散文的结构安排，通过真假、善恶、美丑等两类材料的对照，使事物的形象更加鲜明，同时使渗透在描述的字里行间的褒贬感情更加强烈。例如，郭沫若的《杜鹃》，通过可怜、哀婉、纯洁、至诚与狡诈、专横、残忍的一正一反两种形象的对照，显出杜鹃的可憎可恨，然后点出题旨：过去和现在都有无数的人面杜鹃被人哺育着。形象鲜明，意旨显豁。

其实，无论选择什么样的结构形式，都不那么重要，但要记住不能脱离主题，否则就是本末倒置了。

复述，用自己的话将内容再现

我们考验一个读者对阅读内容的掌握程度，很多时候可以用复述的方式来进行检测，那么，什么是复述呢？

复述，顾名思义，就是以言语重复刚识记的材料，以巩固记忆的心理操作过程。学习材料在复述的作用下，保持在短时记忆中，并向长时记忆转移。复述分保持性复述和整合性复述两种形式。前者亦称简单复述或机械复述，对短时记忆中的信息只进行重复性的、简单的心理操作，使记忆痕迹得到加强，但不一定能进入长时记忆。后者亦称精细复述，通过复述使短时记忆中的信息得到进一步的加工和组织，使之与预存信息建立联系，从而有助于向长时记忆转移。精细复述的加工水平较高，具有主动性。

我们可以将复述分为两大类：重复性复述和改造性复述。

重复性复述又分为详细复述和摘要复述两种。详细复述要尽量完整地保留原作的观点、情节或内容，不改变原作中材料的顺序。摘要复述要根据要求截取主要观点、主要情节或内容。重复性复述可以直接引用原作的语言，但不可避免要对原作语言做必要的调整。

改造性复述就是转述。转述是要求改变原作结构、顺序、角度或表现方法的复述。它可以分为不同的类型。一种是概括性转述，它要求删去次要的、解释性的和修饰性的内容，并要求对内容进行必要的抽象，再用自己的语言加以组织和概括；一种是改编性转述。

采用复述的方法，一方面可以进行记忆能力的训练，强化知识；另一方面，可以训练有序、有节、有理的表达能力。针对一些叙事性较强的文章，我们可以采取不同的复述方法，或简要复述，或详细复述，或创造性复述。不论哪种形式的复述，都要注意把握以下几点。

第一，把书面语转换为口头语。

第二，突出重点，准确地体现原材料的中心和重点。

第三，条理清楚，反映各部分内容的内在联系，如果叙述一件事情，复述时一定要交代清楚时间、地点、人物、事情的起因、经过、结果等。

第四，语言力求准确。

第五，必要时可以加入个人想象。

复述，富有创造性，能把记忆、思考、表达三者有机地结合起来，使之融为一体。

1. 记忆

记忆是复述的基础。要想复述好，在阅读时，必须快速记住语言材料里的一些重要词语、结构层次，以及它的具体内容，边读边记，养成口脑并用的良好习惯。反复阅读的过程就是记忆的过程，记忆就是复述的准备，复述反过来又能进一步加深记忆。

2. 思考

复述不是照搬原材料，必须按照一定的要求，对原材料的内容进行综合、概括，适当取舍，并要认真选词，组织安排材料。这就是在记忆的基础上进行思考的过程。例如，《手表与草帽》，我们可以考虑一下：为什么威尔斯多夫要去找费尔德？为什么费尔德不愿意出售自己的技术？为什么威尔斯多夫要买费尔德的草帽？其他的情节尽量简化。经常这样复述，不仅可以训练我们的思维能力，还可以培养我们思考问题的习惯。

3. 表达

复述的特点就是要连贯地叙述原材料，无论是口头还是笔头，都要围绕一定的中心内容去思考，然后准确而明晰地说出来或写出来，这有利于培养和提高我们的表达能力。

因此，成功的复述首先要对原材料进行认真阅读和理解，同时注意记忆的技巧，既有框架记忆，又要有细节记忆。留意能提示记忆的重点语句，为了疏通语流，可以先自言自语地试述一遍。如果要概要复述的话，要防止取舍不当、偏离中心。

复述训练的较好方式之一是讲故事。

这里的“讲故事”指的是一种复现性的表达，即把看到的、听到的、完整的语言和文字材料讲述给别人听。

讲故事可以不受原材料的束缚，有的地方可以详述，有的地方可以扩展，有的地方可以变序、变角度、变表达的形式。这样，对原材料的改变、加工就是一种再创作了。

其一般规律有如下几点。

（1）根据需要，确定一个有积极意义的主题，确定故事的主要人物和情节主线。

（2）通过删节、充实、调整，使故事紧凑、生动，既有形神兼备的细节描述，又有反映人物性格的对话，并且要突出故事的高潮。

（3）故事要完整，设计一个有吸引力的开头，并要安排一个让人回味的结尾。

讲故事的语言要用通俗易懂的口语，尽量淡化书面语色彩，尤其要避用文言词汇。叙述时要从容不迫地把环境、情节、人物关系交代清楚；描述时要正确表达感情倾向；对话可适当运用拟声造型手段，做到“言如其人”。还要把握好语速、节奏的变化，并适当运用表情、手势、姿态等辅助表达。

学贵质疑，精读也要有质疑的精神

英国学者贝尔纳曾说：“构成我们学习最大障碍的是已知的东西，而不是未知的东西。”中国也有句古言：“学贵多疑，小疑则小进，大疑则大进。”这句话表明了做学问一定要有质疑的精神，要抛却固有观念。我们阅读也是如此，我们说的精读一本书，更是要提出自己的看法和观点，这样才能发现前人的不足之处，才能形成自己的知识。当我们能够提出自己的疑问，提出自己的怀疑，就说明我们对这件事情有了独立思考。

所谓质疑思维，就是对已有观点不盲目迷信而提出疑问的思维方式，它通过比较、挑剔、批判等手段，对想什么、怎么想和做什么、怎么做，做出合理的决断。不疑不决，不破不立，质疑是思维创新的前提。

然而，在具体的阅读活动中，我们发现，一些读者受到文化水平、实践经验等各种条件的限制，阅读时往往表现出盲从的态度，进而导致所获知识往往真假参半。

锦熙是我国著名的国学大师，当时他在湖南办报，帮他誊写文稿的有三个人。

第一个抄写员沉默寡言，只是老老实实地抄写文稿，错字、别字也照抄不误，后来这个人一直默默无闻。

第二个抄写员则非常认真，对每份稿都先进行认真仔细的检查，然后才抄写。遇到错字、病句都要改正过来。后来，这个抄写员写了一首歌词，经聂耳谱曲后命名为《义勇军进行曲》，他就是田汉。

第三个抄写员则与众不同，他也仔细看每份文稿，同时积极思考，认真地推敲，但他只抄意见和观点正确的文稿，对那些意见和观点谬误的文稿则随手扔掉，一句也不抄。后来，这个人建立了以《义勇军进行曲》为国歌的中华人民共和国，他就是毛泽东。

“三个抄写员的故事”告诉青少年学生：凡是过度老实、不去思考的人，永远都是处在混沌和危险之中。认真做事是重要的，而积极思考、敢于质疑和创新更为重要。

可以说，质疑思维是许多新事物、新观念产生的开端，也是创造思维最基本的方法之一。

的确，勇敢地提问、敢于质疑，你对知识的理解才更深刻、更全面，同时，大胆地对问题提出不同的见解，激发自己的求知欲，你就会一步步成为与众不同的成功者。

有一天，蕾蕾在预习语文课文的时候，发现课文中有一个错字，但她也不敢肯定，就查了好几遍字典，结果证明自己是正确的。于是，她就拿着书去找在看电视的妈妈：

“妈妈，你看，语文书上居然有错别字呢！”

“怎么可能，你们的教科书还有错误？”

“真的，妈妈，您看看嘛！”

“妈妈要看电视呢，你明天去问老师吧，估计老师也会说你错了。”妈妈不耐烦地对蕾蕾说。

蕾蕾一听，有点生气：“妈妈，你知道尽信书不如无书的道理吧，但你现在怎么这样呢？”

看着女儿情绪有点不对了，妈妈拿过书一看，原来，这个字果然是错的。

“对不起啊，女儿，妈妈错了，妈妈不该只顾着看电视，而打击你质疑问题的积极性，以后遇到类似的问题，你都可以来问妈妈，妈妈不知道的，也会找人帮你解决。”

“这才是我的好妈妈，谢谢妈妈！”

故事中的蕾蕾就是个敢于质疑的女孩。同样，我们在阅读时也是如此，如果有疑问，就要大胆地提出来，这是勤于思考的表现，这表明我们有了初步的创新意识，产生了创新的冲动。

因此，在日常生活和学习中，遇到不懂的问题，你也要多问自己、问他人为什么，秉持这种怀疑批判的精神，你才能做到去伪存真，才能真正地获取知识。

我们的读者除了有迷信书本的误区，还有一个极端就是盲目相信自己，他们可能认为自己的思维方式是最好的，或者觉得自己习惯的就是最合适、最正确的。如果迷信自己，阅读时就会把不符合自己意愿的东西自动过滤掉，或者一味反驳别人的思维方式，这样路会越走越窄，最终进入死胡同，同样不可取。所以，在读取书中的思维方式时，要先把自己的脑子放空，抛开成见，虚心学习。

在阅读中，为了避免盲从，我们可以套用“读书四问”中的问题，只不过要把问题稍做改动：第一问，“这本书中体现了作者什么样的思维方式”；第二问，“这种思维方式有什么具体表现”；第三问，“这种思维方式有什么优劣”；第四问，“它和我有什么关系”。这四个问题直击要害，能促使我们更快地理解和接受新的思维方式。取其内容，也取其形式；获得知识，也获得知识以外的感悟。这正是精读的意义所在，也是阅读者不断攀登书山的动力。

第7章

带着明确的主题阅读——主题阅读法

所谓“主题阅读”，有人也称专题阅读，是一种针对同一（相似）主题或写法，在一定时间内阅读大量文章的方法。它可以有效避免零散阅读所造成的知识遗忘、思考重复而不深入的问题。并且，因为主题阅读是一项研究型的读书活动，所以能帮助我们更好地分析阅读内容、提升思考能力、提升分析和解决问题的能力。

明确你的阅读目的，找到你的主题

我们阅读一本书，通常都是带着一定的阅读目的的，要么是学习，要么是消遣，但无论是哪种目的，我们发现，很少有人会根据自己的阅读目的改变阅读技巧。为此，接下来，我们就分析下如何设定具体的目的，以便我们对自己的阅读技巧进行规划并成为一名更高效的读者。

我们需要明白的是，阅读目的差异甚大，不同的读者身份，阅读目的也不同。例如，学者阅读的目的可能是研究，学生阅读的目的可能是学习，企业管理人士阅读的目的可能是管理企业等。并且，即便是身份相同的读者，阅读目的都有可能不同，比如，对于阅读较为严谨的学生群体，其阅读目的也可能存在巨大的差异。老师布置给你的阅读内容可能是企业管理教材中约20页的一章内容；你可能还了解到本周末要进行有20个问题的章节测试。你也许还知道你的老师期望你能熟悉一下生词与概念，了解具体事例与讨论内容，甚至要能识记读过的内容。这可能是你当学生时或其他时候要认真完成的阅读任务。你也可能参加了大学生研讨小组。这门理论课每学期给学生布置15本书，每周讨论一本。当然，导师不会像生物教授那样负责地阅读每个章节。这一次，你阅读是为了找出那本书的论点、论点如何阐述以及熟悉不同章节的主要观点，最终对材料进行良好的思辨性阅读。

除了以上这些目的外，读书的目的也可以是消遣。你有可能为了消遣阅读推理小说或其他小说。你读书的目的肯定不是考试，而是要融入并欣赏书中的内容。你不需要记住任何不想记的内容。

你或许为了生意审核报告、阅读客户的长篇邮件，其中有些内容很重要，有些不太重要。你还会翻阅很多书本与杂志，为的是要找些自己演讲或写论文可用的论据。这说明阅读的原因多种多样。正因为阅读的原因不同，你对不同材料的阅读方法也应该不同。

每个人的阅读目的是不同的，所以在阅读之前，首先要明确自己的阅读目的是什么，只有明确了这个，我们才能明确自己的阅读主题，才能更好地提高自身的阅读速度，才能收获更加丰富的内容。让自己真正成为一名高效的阅读者。

“主题阅读”即圈定一个感兴趣的领域，然后收集这个领域可以找到的图书、论文、网文进行阅读。

另外，明确阅读主题，我们还需要掌握以下几个步骤。

步骤1：找到相关的章节。

步骤2：指引作者与我们达成共识。做主题阅读时，要建立一组词汇的目的：

（1）帮助我们了解所有的作者，而不是其中一两个作者。

（2）帮助我们解决问题。

步骤3：厘清问题。先列出一些可以把我们的问题说得比较明白的问题，然后让那些作者来回答这些问题。这些问题必须以某种形式、某种秩序来说明，以帮助我们解决我们提出的问题，同时这些问题也是大多数作者都能回答的问题。

步骤4：界定议题。通常对一个问题会有超过2种以上的答案，就要找出不同意见之间的关联，再根据作者的观点来作分类。

步骤5：分析讨论。

总的来说，我们阅读一本书，先要明确自己的阅读目的，这是前提和根本，在此之后，我们才能找到自己的主题，然后根据主题进行阅读和分析，进而获得很好的阅读效果。

阅读应当与思考结合起来

阅读对于我们的益处早已毋庸置疑，阅读有益的书籍不但有助于我们开阔视野、培养广泛的兴趣爱好、学会为人处世等，而且可以增长见识，做到不出家门而知天下事，不出国门而了解世界各地的历史文化、风土人情。对于爱读书的人来说，假如生活里没有书籍，就好像没有阳光，他们不但爱读书，还会读书，更不会死读书，而是会将思考运用到阅读中，因为他们知道，阅读本身就应该是一项研究性活动，唯有将阅读与思考结合起来，才是有效的阅读。而这一点，也是我们所说的主题阅读对于我们阅读提出的要求。

事实上，思考问题是我们日常都会做的事情，但日常的简单思考往往趋于浅显而杂乱。古人言“学而不思则罔，思而不学则殆”，整天的胡思乱想只会把我们的脑子搞成一团糨糊。只有将思考与阅读学习相结合，才能使我们的思考更加深邃有力。

在阅读他人所著之书时，书中作者的各种观点刺激着我们去认真思考和推敲。当与作者心心相印时，未尝不临文嗟悼，激动的心情久久不能平息。若与作者观点相悖时，又难免苦苦思索对错，提出自己的看法。这就是阅读带给我们心灵上的共鸣与碰撞，让我们许久不曾敞开的心扉再次荡起涟漪，甚至是掀起巨浪。

有一位读者这样谈及自己的阅读心得：

我用曾经参加的一次书友会中的例子来说明阅读带给我们的感动与快乐。书友会上一位书友给我们分享了朱自清先生的一篇《匆匆》。这篇文章不仅文字优美，文中作者还为我们提出了许多值得深思的问题。文章开篇就问道：“我们的日子为什么一去不复返呢？是有人偷了他们罢，那是谁？又藏在何处呢？”文末又向我们提出：“我们的人生除了匆匆，还留着些什么痕迹呢？”作者一连串的提问，不禁让我们陷入深思，我们的时间都去哪儿了呢？曾经的时光是否真的流逝得太过轻易；我们的人生是否真的只如针尖上的一滴水，滴在时间的长河里，激不起一丝涟漪；我们真的就如此卑微，真的就只能匆匆忙忙在这世上走这么一遭，能不能为这世界留下些什么呢？有没有什么能够永恒？带着这样的思考，我们的眼前又浮现起一幕幕许久不曾想起的回忆，父亲的严厉、母亲的温柔、初恋的甜蜜、失恋的哀愁、泪水与幸福一股脑儿地涌上心头。这就是阅读，它带给我们思考，思考又带给我们感动和快乐。

让我们一起来感受阅读的乐趣，让阅读使我们干涸的精神世界再次开出最美丽的花朵。

然而，因为阅读应该思考，所以一些读者认为，阅读简直就是一件费力不讨好的苦差事嘛，有的人读书，坚持了一个月，也不见得有什么提高，渐渐地也就对阅读失去了兴趣。对于这样的认识，我们只能说他没有静下心来阅读，也没有真的投入其中，更没有研究阅读内容，更别说完成主题阅读了。

那么，我们到底怎样才能真正将思考投入阅读中呢？

1. 静下心来，投入阅读中

才须学，学须静，非淡泊无以明志，非宁静无以致远。阅读还是要摒弃杂念，静下心来才能在求获真知的道路上走得更远。

阅读还应该多一些毅力和恒心，如果那些鼓吹读书无用的人能够多坚持一下，多积累一点，或许等待他的又将是另一片天地。古人言“不积跬步无以至千里，不积小流无以成江海”，读书做事都贵在坚持。

2. 在阅读中多动脑

思考是提出质疑、发现新问题的前提，许多非常成功的人，都是善于思考的。牛顿通过对苹果落地现象的质疑产生了关于重力的思想。爱因斯坦通过对太阳的质疑产生了关于相对论的思想。爱迪生因为最爱向老师问“为什么”而成为伟大的发明家。同样，我们的阅读也是如此，一个只知记忆、不善思考、不敢质疑问难的读者并不是好读者，不会有创新能力。为此，你要想让自己有所突破的话，就要多思考。

3. 大胆地说出自己的想法

一个人具有想象力才敢于质疑，没有想象力的人就像一潭死水，没有生机和活力。为此，你要敢于说出自己的想法，阅读时如果有疑问也要提出来，要开发自己的想象力，凡事没有标准答案，敢于提出不同的答案和见解，久而久之，你就能培养出善于想象的习惯了。

总之，对待阅读，我们都要有主题阅读的阅读习惯——思考和分析，只有抱着敢于质疑的态度学习，才能增强自己的求知欲，才能产生积极的阅读兴趣，从而高效地阅读。

六个步骤帮我们做到“精深的主题阅读”

我们都知道，“阅读”是最方便、最快捷、最廉价的自我提升方法，而相对于其他形式的阅读来说，主题阅读更是一项需要仔细研究和分析的阅读活动。为此，我们认为，一定要坚持精深的主题阅读。

所谓主题阅读，是指在一段时间内，集中精力阅读某一领域或某一专家的书籍。

主题阅读的好处是：充分利用成年人学习的“建构主义”特征，使短时间内的大量阅读所获得的知识相互关联，便于长期记忆，并构建属于自己的知识体系和模型。很多读者也发现，坚持主题阅读，比东看一本西看一本要好得多：知识体系更系统、理论体系更深入、记忆更加深刻、视野更加开阔、能够建立自己的理论模型、使用起来更加灵活。

例如，一些读书俱乐部会坚持一个月甚至两个月只读一个领域的书籍。这些领域有很多，如“积极心理学”“脑科学”“非暴力沟通”“管理经典”“互联网思维”“简单的哲学”“客户体验”等，都采取“精深的主题阅读”的模式。

所谓精深的主题阅读，是指在主题阅读的基础上，坚持“精读”！现在有太多的人提倡、推荐“快速阅读”和“碎片化阅读”。

有一个知名的企业家说他每小时可以看30万字的书籍——

“5000字/分钟，83字/秒”，可能吗？当然，可以只看看封面、纲要、前言、后序等，也是有可能的。但是这种走马观花似的阅读，用于新闻、娱乐八卦等内容的阅读尚可，真的用于专业类、哲思类书籍的阅读，读后你能留下多少？

针对专业类书籍，我们也提倡“快速阅读”，但我们强调的是提高阅读速度，而不是泛泛而读。成年人可以通过训练将自己的阅读速度提高至1000字/分钟，但依然可以保持精读。

如何检验“快速阅读”与“泛泛而读”？看完一段内容后，能否用自己的语言阐述一遍？能否思考其结论是什么？结论背后的前提是什么？其论证过程是什么？若能做到上述四点，基本为“快速阅读”，否则为“泛泛而读”。

可能会有人告诉你：读书只是为了闲情逸致，不要怀着提升能力的目的阅读，更不要怀着“书中自有黄金屋”的目的读书！

而事实是，若你还未能实现财富自由，读书若能在你实现财富自由的路上推你一把，有何不可呢？所以，我们认为：书中不一定有颜如玉，但一定可以找到黄金屋，只要你坚持“精深的主题阅读”！精深的主题阅读不仅可以闲情逸致，同样可以修身养性，也能助推你的物质提升。

如何做到“精深的主题阅读”呢？笔者有以下几点与大家分享：

1. 有目的的阅读

结合自己的职业和生活目标选择书籍。

例如，你们准备要孩子，就可以有目的地选择亲子教育方面的书籍。

例如，你是做销售工作的，就可以选择谈判、沟通、营销策划等类型的书籍。

例如，你要激发员工的工作动力，就可以选择人本管理、驱动力、非物质激励等领域的书籍……

2. 坚持主题阅读

让自己在一段时间内只看一个领域或某个专家的书。

东一本西一本，不利于你记忆、关联、建模、对比研究和使用所学。我们建议，要提高某个领域的知识，每个月最好完成2~4本的阅读量。

3. 坚持记笔记

对于以专业能力提升为目的的阅读，一定要坚持记笔记！

记笔记可以用树形图、思维导图、康奈尔笔记法等，根据自己的习惯选择即可。

4. 坚持反思

读完一个主题的书，记完笔记，一定要将各本书之间关于某一主题的内容进行对比分析，寻找异同，反思它们相同或不同的结论的前提是什么？论证过程是什么？结合自己所在组织使用的结果可能是什么？有没有更好的结论？如何验证这些结论？

5. 建立自己的模型

如果在某一领域阅读了足够的书籍、进行了认真的比较分析、做了一定量的实践检验，一定要敢于建立自己的关于该领域的理论模型。

建模可以简单地总结为以下几个步骤。

（1）把某一个工作中核心的解决问题的流程梳理出来，把流程分成几个步骤。

（2）每个步骤提炼一个核心词语，并翻译成英文。

（3）将每个核心英文单词的首字母进行排列组合，最终形成一个模型。

模型建立后，可以在实践中再检验、分析和改进。

6. 实践

实践是检验真理的唯一标准！

模型建立后，要结合阅读书籍和自己的理解，找机会使用这些理论模型、工具方法。最简单、最快速、最容易上手的方式就是：先选择一个成功率比较高的知识点使用，然后逐步扩大使用内容和推广范围。

读者朋友们，如果你能掌握以上六点，并将其运用到主题阅读中，那么，相信你能有所收获。

主题阅读中论点的提炼与分析

在主题阅读中，最重要的步骤还是阅读内容，再好的主题，如果不去阅读，是没有事实论据的。为此，我们有必要对阅读材料进行论点提炼与分析，方能形成自己的结论。

我们可以说，在主题阅读中，寻找或提炼论点是关键，下面谈一谈如何准确寻找或归纳中心论点。

第一，我们要明确什么是论点，以及论点和论据、论证之间的关系。

论点是作者对所议论问题的见解和主张，它是一篇文章的灵魂。一篇文章通常只有一个中心论点，它是解决需要证明什么的问题的；论据是作者用来证明论点正确的理由和根据，分事实论据（包括史实、典型事例、统计数字等）和道理论据（包括经过实践检验的真理、名人名言、公认事理、格言俗语、定理公式、自然科学原理等），它是解决用什么来证明的问题的；而论证是运用论据来证明论点的过程和方法，它是解决怎么证明的问题的。

第二，我们要明确论点提出的方式和标志性语言。

（1）标题出现别放过，判断其为论点还是论题。

例如这样几篇文章：《谈读书》《敬业与乐业》《应有格物致知精神》《中国人失掉自信力了吗》《事物的正确答案不止一个》，从这几个题目来看，“应有格物致知精神”“事物的正确答案不止一个”是中心论点，而其他几个题目不是。这是因为论点应是一个明确的判断，是作者观点的完整陈述，在形式上是一个完整的句子或能揭示一定道理的短语。当然要想印证我们的判断是否正确还需要读原文，看作者是不是围绕这一点，摆事实讲道理、展开论述的。如果标题是疑问句，问题的答案往往是中心论点；如果标题是比喻句，本体往往是中心论点；如果标题是并列关系的论题，揭示两者关系的语句往往是中心论点。

（2）从位置上寻找，除了标题以外，文章的中心论点常常在开头、中间、结尾出现。

（3）注意标志性词语，一些表示判断性的词语，如“觉得”“认为”和一些表示总结性的词语，如“所以”“总之”“因此”“归根结底”等，后面常常是中心论点。

我们这样判断，是因为很多文章中论点是作者发表的主要观点。论点通常在标题或文首或文尾的位置，联系全文找到作者概括性（提领或总结）的表达主要观点的“议论句”，即是论点。首先看标题，再看文首文尾。有的标题不是作者观点完整的表述，所以不能作为论点。当确认标题不是文章的中心论点时，要到提出问题的开头和解决问题的结尾去寻找，如果有标志性的词语要注意，后面往往就是文章的中心论点，也有的中心论点在分析问题的中间部分。

（4）有些文章没有表示中心论点的关键语句，需要摘录或重组。

如果文章没有表明作者观点的句子，我们还可以从论据反推论点，因为论据是为证明论点服务的，分析论据可以看出它证明什么、肯定什么、支持什么，这就是论点。此外，还可以通过对分论点的概括归纳出中心论点。

找准或归纳中心论点的方法很多。论点明确了，我们就抓住了议论文的灵魂，解决其他问题也就有了依据。

第8章

除了阅读，我们还要学会写——谋篇布局写文章

古人云：“纸上得来终觉浅，觉知此事要躬行。”我们阅读再多的书籍，最终还是要转化成写的能力，所以，读写是一家，不过我们依然要承认的是，阅读是提升写作水平的第一道门槛。那么，如何提升写作能力呢？如何谋篇布局写文章呢？在本章中，我们将探究这一问题。

优秀的写作能力可以后天习得

提到写作，我们都羡慕那些写作水平突出的人，并且不少人认为，写作水平与其他艺术天赋一样是天生的，其实不然，优秀的写作水平并不是一种天赋。当然，托尔斯泰、莎士比亚、萨尔曼·拉什迪及伊莎贝尔·阿连德这些大师之所以如此突出，就是因为他们具有一种天赋，一种来自性格、阅历及信仰的天资。但是，准确地驾驭写作文字这样一种能力则不是与生俱来的，它和其他所有技巧一样，是后天培养的。

但确切来说，它又与其他技巧不一样。由于我们写作所用的词语跟我们思考所用的词语是一样的，因而培养好的写作能力所收获的就不单单是写作技巧了。在提高写作能力的同时，我们也提高了自己思考的能力，即组织论据、以让人信服的方式构建议题，并将不相干的事实组织编排为一个完整流畅的故事的能力。

不管你是企业管理者还是员工，抑或是营销专家或紧急医疗技术员，使我们写作水平提高的技巧同时也使我们更善于解说，更精于劝谏，更好地思考。不管我们是在给公司潜在的投资者做报告还是在向公司领导层提议一个新项目，或是在向员工传达一项新政策，这些技巧都使我们得以更好地“出售”我们的主意。良好的写作能力可以减少我们被误解的概率，增加别人采纳我们构思的概率。

良好的写作能力并不是为少数人所拥有的天赋，而是一整套任何人都可学到的技巧。其中技术方面的技巧可以通过以下任何一种方法获取：参加专门课堂学习；学习有关写作的书籍；跟同伴或团体一起合作并根据他们的反馈意见不断提高。但是，由于语法和结构是写作的重要部分，因此良好的写作要求我们在确立风格方面下功夫。写作风格使我们的读者在阅读首句后有继续往下阅读的欲望，使我们所写的东西在读者脑中存留并促使他们有所反应。

教授写作风格比教授写作基本要点要难，然而它是可以通过学习获得的，但前提是你必须耐心、专心，最重要的是要坚持练习。每个人都有可能通过学习将自己要表达的东西很好地表达出来。从一个单单是能够写作的人转变成为一个好的作家，你只要做到以下几点。

读：阅读对于培养良好的写作能力是不可或缺的。通过阅读，我们体会到语言的博大精深和语法的局限性及如何去冲破这种局限。读得越多，我们对语言的潜力就会理解得越好。

写：好的写作能力靠的是经常练习。不幸的是，除非我们自己创造时机去写作，否则在离开学校之后我们就很少有机会练习写作。我们可以在期刊上发表文章、写博客、给简报投稿，或通过其他任何我们认为可以的方法来将我们的写作实践至少维持在半规律的水平。

回头阅读：很多人无法成为优秀作家的原因在于他们并不阅读自己写的文章。他们从不会在文章投递/邮寄/提交/出版或完成之前检查阅读，且他们不会在完成后再次回头阅读。这意味着他们看不到其中的累赘部分、平庸部分及与他们所要表达的相抵触的部分，且他们永远都不懂得如何去改进及避免这些问题。

重写：写作是个人的行为，当看到自己的作品不为人们接受时，强烈的自尊受到了重大的打击。尽管如此，但唯一的解决办法就是坚持不懈——你的目标是成为一个更优秀的作家，而不是驻足门外。你要关注这些批判，并从中吸取教训，但不要将其一直放在心上，因为写作水平差并不可耻，真正可耻的是没有尽力争取下次做得更好。

在当代，书面文字较占优势，这不仅是因为大多数对我们生活有重大影响的信息都是以书面文字形式出现的，更重要的是因为那些有助于我们成为优秀作家的习惯同时也能使我们在知识经济社会中占据重要的席位。如果你为自己的写作能力担心的话，那么从现在开始在接下来的一年里为成为一个功底扎实的作家而努力吧。如果你已经是少数优秀作家中的一员的话，那么就走进你周围的人群中和他们分享你的才智吧，这样别人或许可以向你学习。让它成为你的天赋吧。

如何提高写作水平

提高写作水平，需要对自己进行多方面的培养和锻炼。对每个人来说，提高的过程是不尽相同的。但是，从总体上来说，主要应该从以下几个方面入手。

1. 开阔视野，多方面观察、感受生活

文章是现实生活的反映，要想写好文章，首先要注意观察和感受生活。古往今来，凡是写文章有所成就的人，都十分重视这一点。汉朝的司马迁说："读万卷书，行万里路。"这"行万里路"，就是指要从多方面观察和感受生活。他本人也正是这样做的，从20多岁就开始漫游全国，考查史迹，采访史料，终于写出了著名的《史记》。

多方面观察和感受生活的意义在于：首先，可以从生活中获得丰富的写作材料。因为我们写文章，无论是写人、写事，还是描写景物，都是在写现实生活，都需要现实的生活情境、生活细节。而这些生活情境和生活细节，是不能凭空捏造出来的，只能通过多方面观察和感受生活才能获得。即使是合理想象的那部分，也是以现实生活为基础的。其次，可以使文章获得较深刻的思想意义。因为只有与现实生活有较多的接触，我们才能准确地把握事物的本质，才能有较深切的感情体验。准确地把握事物的本质，有了较深切的感情体验，才能写出思想意义深刻的好文章。

多方面观察和感受生活，首先要尽量多参加社会活动，在生活中观察身边的各种人、事物和景物，把它们的面貌和特征装进大脑这个“仓库”。这样，等到我们动笔写文章的时候，这些装进“仓库”的材料，就会自动出现在我们的思考过程之中。其次要留心身边的人和事，注意多听多看。因为不管是谁，活动范围总是有限的，不可能每一种活动都能参与。所以，我们就要多听多看，从别人的嘴里以及他们的活动里获得生活材料。

2. 广泛阅读文章

古人说过：“读书破万卷，下笔如有神。”鲁迅也曾这样说：“只看一人的著作，结果是不大好的，你就得不到多方面的优点；必须如蜜蜂一样，采过许多花，这才能酿出蜜来，倘若叮在一处，所得就非常有限、枯燥了。”

这都是前人的经验之谈，是有很深刻的道理的，很值得我们认真借鉴。

广泛阅读为什么如此重要呢？一方面，它可以弥补我们体验生活的不足，使我们间接地获得许多生活材料及对生活的感受；另一方面，可以使我们博采众长，多方面地学习别人的写作方法和技巧。

广泛阅读应该采取正确的方法。在这方面，前人有过不少好的经验。例如，粗读和精读相结合，就是一个行之有效的方法。

粗读，就是挑选各种范文进行阅读，读的时候不必做详细分析，对文章的思想意义和写作技巧有个大致的了解即可。这是从“广”的角度下功夫，使自己获得多方面的营养。但是，只“广”不“深”也是不行的。对那些好的文章，还需要精读。精读，不但要认真思考，看看人家主题是怎么表现的，结构是怎么安排的，语言是怎么运用的，读后还应该把这些记在本子上。俗话说，好记性不如烂笔头。只有把这些记下来，才能时常温习，不致忘掉。通过精读，可以获得好的写作方法和技巧，使我们向“深”的方向发展。

3. 要多练笔

多练笔，可以加快从学习写作知识到会用写作知识的过程，可以说这是提高写作水平最关键的一环。清代唐彪曾这样说：

“谚云‘读十篇不如做一篇’。盖常做则机关熟，题虽甚难，为之亦易；不常做，则理路生，题虽甚易，为之则难……”

大意是说，读十篇文章也不如做一篇文章收获大。常写，文章的方法、道理就熟练，即使题目很难，写起来也觉得容易；不常写，文章的方法、道理就生疏，即使题目很容易，写起来也会觉得很难。

所以，我们必须重视“读十篇不如做一篇”的道理，经常进行认真的练习，这样才能逐渐摸索出文章的“思路”和“机关”。

练习应该带着明确的思想感情目的来进行。初学写作的同学，开始可先写一段表达思想感情的话，练习所有的话都围绕着中心来讲。接下来，看看表现中心的几部分安排得是否合理，学习掌握结构方面的知识。然后，再看这几部分哪些地方需要详写，哪些地方需要略写，学习写人、记事、描写景物方面的知识。最后，再考虑用词造句，并进行相应的练习。这样带着明确的思想感情目的来练习，比单纯孤立地学习叙述、描写、结构等，收效要大得多，有利于我们较快地掌握文章的“思路”和“机关”。有了一定写作知识的同学，在练习写作时，也应该始终把思想感情放在第一位。

另外，练习写文章，不要怕出丑。写出来之后，应当让人家看看，挑挑毛病。俗话说：当局者迷，旁观者清。自己写的文章，往往看不出毛病，只有让别人看看，才能知道哪些地方写得不好，才能有明确目的地进行修改。另外，知道自己哪些地方容易出毛病之后，也能引起自己的注意，有利于自己不断改进和提高，使自己进步得更快。

以上三个方面的工作都完成了，文章写作水平的提高才有可能实现。

修改是写作中一个非常重要的环节

前面，我们提到了练笔对于写作的重要性，诚然，多多练笔是写作中关键的一环，但每次练习之后，还应该进行认真的修改，这对写作水平的提高，也是有着很重要的作用。

刀不磨不快，文章不改不好。古往今来，大凡是那些有所成就的作家，都十分重视文章的修改和锤炼。在2000多年前，荀子说："人之于文学也，犹玉之于琢磨也。"曹雪芹写《红楼梦》，于悼红轩中，披阅十载，增删五次，"字字看来皆是血，十年辛苦不寻常"。作家巴金说："写到死、改到死；用辛勤的修改来弥补自己作品的漏洞。"美国作家海明威把《老人与海》的手稿反复阅读200遍后才最后印刷。丹麦物理学家玻尔写《光与生命》，修改9遍，一直到他认为每个字句都完全表达了自己的本意，才正式发表。由此可见，修改是写作中一个非常重要的环节，从某种意义上可以说是具有决定性作用的环节。

修改，指的是修改文章的错误、缺点，使之尽善尽美。

广义的修改指从构思到定稿前对文章的修正，贯穿于写作活动的全过程，在头脑酝酿阶段，主题提炼，材料选择，结构布局，语言调遣，亦有修改；起草中，每层每段每句写完后，做些局部变动，亦属修改。但通常所说的修改主要是指行文后对文章初稿从内容到形式进行多方面的修正与润饰加工直到完稿的过程。文章修改要求作者有更高更全面的技能技巧，文章质量如何，能否升华提高，修改是必不可少的环节。

修改是写作的一个不可缺少的重要步骤，是提高文章质量的有效途径。俗话说“文章不厌百回改”“善作不如善改”，就说明修改与写作之间的密切关系。从这个意义上说一篇好的文章不是“写”出来的，而是“改”出来的。

那么，文章为什么要修改呢？这是由文章的性质决定的。

首先，修改是为了更恰当地反映客观事物。

其次，从文章具有广泛的社会影响来看，修改也具有重要的意义。文章是社会交流的一种传媒，是写给别人看的，修改文章是作者对社会负责、对读者负责的表现。正如老舍在《我怎样学语言》中说的那样：作者对自己的宽大便是对读者的不负责。

再次，从文章复杂的产生过程来看，我们也必须认识到修改的重要性。构成文章的要素是多方面的，有形式、内容等的问题，牵涉到主题、材料、结构、语言等方面。文章质量如何不仅在于作者的文学技巧，还在于作者的思想修养、知识修养、生活阅历、思维能力等方面。

修改文章也是提高写作的一种手段。修改的范围与方法主要有：全文的检查、局部的检查、句子的检查、朗读的检查四个方面。修改的内容一般看重从主题、结构、语言、文字等方面入手。具体要做好修正观点、增删材料、调整结构、锤炼语言几个方面的工作。修改词句、锤炼语言，概括起来就是四个字：删、增、理、换。

1. 删

要删除的内容有多余的或者啰唆的字、词、句与段落。具体而言，在以下几种情况下要进行删的修改：一是与主题无关的文字，二是空洞的议论或抒情，三是内容重复、字句啰唆的内容。只有这样文章才可能做到短小精悍。

2. 增

就是在文章中适当的部分增加字、词、句，使文章的内容有所扩展。

3. 理

调整词的次序，使语言通顺表意准确。如“小羊在山上吃草”一句，通过调整语序就可以有以下几种不同的表达：①羊在小山上吃草。②羊在山上吃小草。③山上小草羊吃。④山上小羊吃草。几种表达的意思大致相同，但所强调的重点各有不同，足见理在修改文章中的重要地位。

4. 换

就是换字、换词、换句子，使原来的语句更合理、更准确、更有力。

可见，诗文不厌改，文章出苦心。只有反复推敲，方能改出佳作。当然由于写作经验、文章成熟程度的不同、文章题材体裁的不同，文章修改不可能有固定的模式。如何修改，还要因文而别、因人而异。

修改文章应该从以下三方面来进行。

首先，从表现主题的方面来看。主题表现得好坏，是决定文章成败的头等大事。我们在修改文章的时候，应该首先看看文章的主题与材料是不是十分吻合；结构安排是否合理；各重点部分是否都很好地突出了主题。这些方面没有问题或者修改好了，文章在大的方面就不存在什么问题了。

其次，应该从文章的几个重点部分来看。文章的每个重点部分，都有它相对独立的中心，也有一个中心与材料是否吻合的问题、材料安排是否合理的问题。除此之外，还要看各部分是不是写得具体生动，哪些地方应该突出一点，哪些地方应该删去，直到各方面都不存在问题为止。

最后，再从文章的段落、句子来看。段落和句子，是文章内容的基本单位，它们的好坏也直接影响着文章的质量，所以也要予以足够重视，进行认真的修改。这一阶段的工作，主要是看段意是否表达得具体清晰、是否有条有理；还要看各个句子衔接得如何，以及有没有语法方面的错误，等等。

写文章是一个相当复杂的过程，仅仅思考一次，疏忽和错误更是难以避免。只有反复思考、不断修改，才能使文章逐步接近完美，也才能使我们的写作水平在修改过程中不断得到提高。

这种提高，往往比正面学习写作知识提高得要快。这是因为，我们在修改文章的时候，总要找出文章的不足，来加以弥补和改正。一般来说，人对自己存在的不足都是十分重视的。我们在这种“十分重视”的情况下来修改文章，就能比较容易，同时也能比较牢固地掌握避免不足的方法，从而从反面增长写作知识。

先阅读后写作，阅读是写作的基础

写作能力的提升是需要一定条件的，那就是作者应具有一定的语文知识，社会、历史知识，以及生活常识。而且，对写作本身的规律、特点也应具备一定程度的认知。另外还要具备一定的人生经验。只有具备了一定的知识和经验，才能不断提高写作水平。

历史上有所建树的作家、学者，无不推崇多读书、勤读书。读书和写作的关系极为密切，阅读被认为是写作的基础。汉代辞赋大家扬雄说，“能读千赋则善赋”。唐代诗圣杜甫也说，“读书破万卷，下笔如有神”。还有所谓“熟读唐诗三百首，不会作诗也会吟”，说的都是阅读之于写作的重要性。要想提高写作水平，必须养成勤奋阅读的良好习惯，打下一定的写作基础。阅读对于写作，不仅意义重大，而且有着以下几方面的作用。

1. 勤阅读可以活跃文思

勤阅读可以不断增长知识、丰富见闻、开阔思路，从而活跃文思。

对于书籍的阅读和欣赏，最基本的思维活动是调动自己的想象能力将语言文字转化为一定的场景和画面。一个善于阅读的人，肯定是一个想象力丰富和形象思维活跃的人，否则他就无法从丰富、生动的文学形象中品味出无尽的意蕴。

但是，学习写作只阅读还远远不够，还需要具备许多其他方面的知识，尤其是需要全面掌握语文知识，这样才能在作品中寄寓深刻的意义。人类生活的各个方面都可以成为作文中着意反映的内容，同时又可以在文章中灵活运用千变万化的反映方式，因而了解关于社会、历史、人性等领域的一些常备理论知识，对于活跃文思是大有帮助的。试想，一个儿童倘若还不晓得地球是椭圆的，就有可能在作文中表达出“我认为地球是平的”之类的错误观点，假设有人给他的作文打个零分，他甚至会万分委屈地认为写作文必须假话连篇才行。知识储备和认识水平有待提高，这就是很多学生在作文里“言不由衷”的原因之一。

2. 勤阅读可以间接获取写作素材

读书可以间接获取写作素材，丰富写作的材料储备。

好的书籍，往往容纳了十分丰富的科学知识或思想内容，体现作者对自然、社会科学诸多领域及问题的深刻认识，或如理论专著那样，以抽象的概念、推理、论证来表达；或如文学作品一般，将深邃的思想融入故事叙述、感情抒发、场景描写等形象化表述之中。甚至有一些作品，在写作之前就连作者本人也没有清楚地确定到底要表达何种主题思想，而是在故事展开过程当中，一种思想才得以逐渐孕育生长，成为统摄作品的灵魂。绝大多数文化名著，就像一些思想深刻的鲜活生命，等待着人们与之展开对话和交流。如果读者注重这种对话和交流的效果，不仅可以丰富自己的思想、提高认识水平、培养思维能力，而且必将日益丰富写作方面的材料储备。

3. 读好书可以体悟写作规律、借鉴写作方法

好的书籍，特别是优秀文学作品，有助于我们体悟写作规律、借鉴写作方法。

与人类其他的文化形式相比，文学没有固定的边界，它可以将无限丰富的社会、人生和思想内容纳入自己的视野之中。文学就是一个无比丰富的风景线，跨越古今、横亘中外，向我们展示了无限丰富的形象化世界，尤其是表达了对人性的深切关注。

阅读优秀的作品，对于扩充自己在社会、历史等方面的文化知识储备，对于丰富我们的精神世界，对于强化我们的理论素养，乃至于提高审美能力、写作水平，都具有重大的积极意义。问题还在于，和其他学科重在学习“说什么”有所不同，语文学习则聚焦于“怎么说”，重在从作品中体悟语言运用的艺术，养成读写听说思等语文能力。经典文学作品，对于我们从事写作具有多方面的借鉴价值，使我们从中体悟写作规律、掌握写作的方法与技巧，进而提高写作水平。

如何谋篇布局写文章

我们都知道，在古代战争中，很讲究“排兵布阵”，翻看史料，我们发现，那些著名的成功的战役都是排兵布阵来实现的。同理，我们写作也是如此，也要注重谋篇布局，实际上，谋篇布局就是排兵布阵，中国汉字就是手下的士兵。如何打赢“写好材料”这场“硬仗”，谋篇布局至关重要。

那么，什么是“谋篇布局”呢？说白了，就是要先构思文章的总体布局和结构。这里，我们来进行一个比较形象的比喻，主题是文章的“灵魂”，材料是文章的“血肉”，而结构就是文章的“骨骼”。只有静心谋篇布局，将那些“散兵游勇”统一起来，成为一个逻辑严密和谐统一的有机整体，才能组成一篇言之有序、和谐完整的好材料。

有没有一个好的谋篇布局，直接关系到写作的成败。这就好比我们要盖一座漂亮的楼房，工程技术人员必须首先拿出设计方案，画出图纸，方可施工。有的人在初写文章的时候，缺乏这方面的意识，没有这样的习惯，不经过深思熟虑、精心设计，就仓促上阵，还有的怕麻烦，图省事，想开“快车”，走“捷径”，于是就“囫囵吞枣”“乱点鸳鸯”，结果是“欲速则不达”。其实，“磨刀不误砍柴工”，列提纲不但不会影响写作进度，反而可以少走弯路，少出差错，“水到渠成”，收到“事半功倍”的效果。如果没有做好前期准备工作，没有一个总体布局，没有一个明确的思路，写起来就会迷失方向、无所适从，即使勉强地写出来，也很难写出主题鲜明、结构严谨、层次清楚的好文章。

从结构看，做好“谋篇布局”，主要是从三个层面依次展开——块、条、点，如一级标题下的内容，我们可以将其比喻为“块”，主要解决整个材料写多少“块”；如二级标题下的内容，一般称之为“条”，主要解决一“块”里面写多少“条”；如三级标题下的内容，一般称之为“点”，主要解决一“条”内容里写多少“点”。

所以，从结构层面看，材料的谋篇布局，主要是解决好“块”“条”“点”之间的关系，使文章脉络清晰、条理清楚、重点突出、衔接有序。从操作层面看，说句实在话，真的是“说说好说、做做较难”。

那么如何进行谋篇布局呢？必须做到以下“五个明确”。

1. 指导思想要明确

无论什么题材的文章，都要有一个主题，都有一定的写作目的和动机，所以在开始动笔前就要做到胸中有数，在文章中想要表达什么，强调什么，又希望达到什么样的写作目的和写作效果。

2. 文体定式要明确

不管是哪一文种都有自己特有的定式，其内容、形式、开头、结尾，以及表达的方法都不尽相同，所以一定要有文体感。这就同我们干活一样，首先搞清楚要干什么，如果搞卫生，就要准备苕帚、簸箕。如果为果树剪枝，就要带上剪刀、斧头。如果为庄稼松土、除草，就要备好锄头、铲子。

我们写文章，如果不知道自己写什么文体，就好比我们不知道自己要干什么样的活，也就不知道要准备什么样的工具一样，只有知道自己要写什么文体，才有可能按照这一文体来进行文章的谋篇布局以及具体写作。

3. 重点内容要明确

主题思想确立以后，就要考虑主要从哪几个方面入手、下笔，从哪几个方面有序展开，不管写什么样的文章，你所了解的情况一定很多，掌握的素材一定很多，但不可能在你所列的提纲中都能派上用场，要根据你所设定的中心议题，加以筛选、提炼，分清主次，区别轻重，以达到突出主要内容、反映主要工作、总结主要成绩的目的。

4. 文章意图要明确

这一点，对于谋篇布局至关重要。如果文章没有明确的意图，就会很随意，就会散，就会没有“主心骨”，可能会写成“四不像”。没有明确的意图，而是“随心所欲”，靠“自我感觉良好”去谋篇布局是不行的。因为你所列出的提纲缺少“主心骨”。就一般来讲，一篇文章要受到欢迎，就必须站位比较高，视野比较宽，思考比较深，一定要有自己新的思想，新的观点，新的思路。要写一篇好的文章，做一个好的文案，就必须善于揣摩、善于拔高、善于联想、善于创新。

5. 既定目的要明确

不管文章、文案是什么样的结构，分什么样的层次，都要紧扣主旨、紧贴中心，为所要达到的目的而谋篇，为想要的效果而布局。写任何铺垫性的话语都是为了既定目的服务的，决不能文章、文案搞得挺华丽，但起不到最终的作用，没有突出根本性的目的，这样就“舍本逐末”“本末倒置”了。

第9章

灵活变通，不同的读物运用不同的阅读方法

我们做任何事都要认真且全面，阅读也是如此，但是否只需要逐字逐句地阅读就可以呢？当然不是，不同的书有不同的阅读方法，阅读方法也不是一刀切。我们所阅读的读物有很多种，如散文、小说、诗歌、历史类书籍等，到什么山唱什么歌，阅读方法更要我们懂得灵活运用，不可千篇一律。

不同的书籍有不同的阅读方法

中国人常说："到什么山唱什么歌。"这句话强调了我们无论做什么事都要看情形办理，阅读也是这样。又说："看菜吃饭，量体裁衣。"我们阅读文章，要根据不同类型的书籍采取不同的阅读方法。

具体来说，我们进行了以下几种类型的书籍的阅读方法的总结。

1. 小说

读小说之前，我们最好先看一看作者的简介，这对于理解小说内容和人物心理、时代背景都有很大帮助。

事实上，每个作家，在编写一部小说时，里面都或多或少地有自己的影子。

就好像张爱玲、三毛、亦舒，她们的小说里都有自己的影子，或者太宰治的《人间失格》明明就是在写自己。

林奕含在自己的作品里，也不只是房思琪，更是各种女性人物的杂糅。连武侠大师金庸也会把自己寄情于虚拟世界，给梦中情人一个具象的描写。

尤其是对于一些比较晦涩的外国作品和经典著作，先去看看作者所处的时代、所经历的事情和家族的遭遇，会瞬间理解书中的各种场景和形象。

多了解作者的经历和他们的成长故事，对阅读理解他们的作品有非常大的帮助。

2. 文学散文类

与其把碎片化的时间都用来刷手机，不如把看公众号、看微博、看知乎的时间用来读这些文学类的作品。

这类文学类、散文集类的作品，最大的特点是每一篇章相对独立完成，而且比较短。你甚至可以挑选自己喜欢的小标题，乱序阅读。

它们很适合利用碎片时间读，即便中断，从任何地方再重新拾起，对于阅读理解影响也不是很大。

比较典型的，像龙应台、梁实秋、周国平、丰子恺之类优秀作家的作品，都可以用这种方式阅读。

你可以选择电子阅读的方式，通过小章节阅读。尤其是这类书里，经常会有各种金句，随时在手机上记下来，上传或者抄写，都非常方便。

这类书未必需要买实体书，随时随地有手机的时候，等车排队无聊的时候，拿出一章安心读一读，都会比漫无目的地刷手机有收获得多。

3. 文艺类

这里所指的文艺类的书，是和旅行、美术、艺术等关系比较大的书。

这类书包装精美，是很多女生的心头好。但是很多人也只是买来容易，看起来时常翻了几页，因无法代入文字而弃置一旁。

以我自己为例，我很喜欢看旅行散文类的书籍，但如果平时在家拿出大块时间看，会觉得看不进去也浪费时间。

所以你可以在旅游的途中，或者在规划出行的时候，抑或是在旅游归来的时候，把它们作为参考去阅读。

例如，旅行作家阿SAM的《孤独远行》《旅行的意义》，又如，在去日本京都之前，看苏枕书的《有鹿来》，等等。

或者，在去荷兰梵高美术馆之前看《如何参观美术馆》和蒋勋老师的《写给大家的西方美术史》，去西班牙之前看看丰子恺的《建筑十讲》，等等。

对于这类书，最好亲身经历，亲眼去看去体会，才能和文字更好地结合。

这类书，坐在家里一字一句认真阅读效果是不大的，如果没有目的只是因为好看或者心血来潮而买来，通常读完的效果并不好。

4. 经管类

例如，时间管理类的书籍，你可以把《番茄工作法》《奇特的一生》《把时间当作朋友》《小强升职记》《时间投资法》等相关的同类书籍放在一起一次性阅读。

这些书籍的内容，很多时候可以互为借鉴，或在同一范畴内为你提供不同的解决方案。这也是阅读的最高境界，就是比较分析式的阅读。你未必需要把每本书的每个字都读完，却可以在自我总结的过程中，得到最有效的收获。好好记笔记、列方法，然后加以实践，这才是这类书籍最好的阅读和利用方法。

5. 热点类

很多时候我们了解一本书，是因为生活中的一些热点事件，或者热门电影综艺等。这种时候，是热点类图书最佳的阅读时机。

就像奥野宣之在《如何有效阅读一本书》里提到的，我们去书店看书不要漫无目的地去找，也不要随便看到排行榜上的热门就下单。这样读书意义不大，效果不好。

最好的方式，是在你阅读其他内容，或者和其他感兴趣的事件发生关联时，想到看到的书，这时候立刻找来读，好奇心和兴趣会促使你更高效地理解它们。

例如，社会性侵事件发生时，很多人会提到电影《熔炉》，这时候你去下载来看，会比平时更能看得进去。

再如，你看电影《唐人街探案》这么火，也许你并没有多喜欢侦探类的小说，但看完电影兴趣大增，这时候就应该赶紧去读一读。第一部里面提到《体育馆杀人案》《白夜行》，第二部里还提到《道德经》，趁着观影的热乎劲儿，可以赶紧去读一下。

6. 畅销类

对于这类书籍，我们最好有选择地去读。

很多人不知道读什么书的时候，喜欢去排行榜找畅销书读。这是一种选书的方法，但相比我前面提到的方式，这未必是最好的选择。其实这类书，很多时候都是出版社和图书公司共同营销的结果。

长期霸占排行榜前列的很多书，有时候也未必是好书，除了一些经典名著，很多畅销书能给你带来的收获也许并不大。

没有必要因为看到大家都在读而一定要读，没必要看了某个大咖推荐了就觉得怎么样了。

事实上，阅读是一件非常私人化的活动，别人的喜好未必适合你。

在看畅销排行榜的时候，一定要多思考、多选择，找到适合自己的，而不是所谓热门的。

以上，希望对你有些许帮助。

诗词鉴赏是阅读能力的最高层级

生活中，不少读者喜欢读诗，正如一位著名哲学家说的：“读诗使人灵秀。”多读好诗，既能陶冶情操，又会使头脑变得灵敏。因此，多读诗歌，对于锻炼自己的思维能力、培养想象力大有益处。当然，读诗不像读散文，诗比散文难懂，原因在于诗歌这种体裁很特别。清代诗论家吴乔普经说：“意思犹五谷也，文，则炊而为饭；诗，则酿而为酒。”法国诗人梵希乐说：“散文是散步，诗歌是跳舞。”这两个比喻准确地道出了诗歌的特点：诗歌的素材和语言是经过提炼浓缩的，凡是对表达语意无重大关系的词语都可省去，句与句之间过渡性的说明也可以不表。

在诗歌中，句子成分的省略、句子的紧缩都是很常见的，有时出于格律音韵方面的需要，甚至还打乱句中词语的排列顺序，这就是人们常说的诗歌的“跳跃性”。很多诗歌从外表看似乎句与句之间毫不相干，上句与下句之间缺少必要的联系，这样，我们阅读诗歌就觉得它的含意远不及散文的含意那样紧密和顺畅，“难懂”主要表现在这里。这就需要读者充分发挥自己的想象力，去填补诗句之间的空白，完整地领会一首诗的含意，然后在反复诵读中进入诗人给我们描绘的艺术境界，领略诗的“意境美”。

那么，我们如何鉴赏诗歌呢？以下是几点技巧。

1. 看类型

从诗歌内容的角度来看，古典诗歌的考查基本类型有以下几类。①送别类。②怀古类。③思乡怀人类。表达对家乡或亲人的思念。④战争或边塞类。⑤闲适类。⑥借景抒情类。⑦托物言志类。⑧爱情类。⑨民生类。以上九种类型，只要我们掌握住基本的阅读水平，在认真阅读原诗二三遍后，基本可以定住类型。

2. 定感情

我们在找到意象之后，全诗感情自然显现，诗歌中的感情基调有很多种，可以分为：愉悦、欢快、激愤、沉痛、悲愤、哀伤、悲凉、赞美、仰慕、惜别、依恋、豪迈、闲适、恬淡、迷恋、热爱、忧愁、寂寞、伤感、孤独、烦闷、坚守节操、忧国忧民等。

3. 定主旨

也就是找出诗歌所要表现出的核心思想，诗歌的思想内容不外乎以下几个方面：热爱祖国大好河山、忧国忧民、怀古伤今、反对战争、追求和平、蔑视权贵、愤世嫉俗、怀才不遇、寄情山水、归隐田园、登高览胜、惜春悲秋、忆友怀旧、思乡念亲、相知相亲、别恨离愁等。

4. 找意象（典故）

我们可以说，诗歌鉴赏最重要的还是把握诗歌中的意向，所谓意象，指的是诗歌中所描写的形象（人、物、景、事）。而在古代诗歌当中许多的意象都是有它们各自的寓意的。虽然这种意象的寓意在不同的意境当中有可能不同，但多数情况之下却是有其共通之处的。

5. 找技巧

一首诗歌写得如何，与它所采用的表达技巧有着密不可分的关系，而表达技巧又要从表达方式、修辞手法，表现手法三个方面去分析。

6. 品风格

“风格”是指由于作者的生活经历、艺术素养等造成的不同的创作特色。例如，李白之诗清新飘逸，杜甫之诗沉郁顿挫，陶渊明之诗冲淡平和，王维之诗诗中有画，韩愈之诗深奥险怪，白居易之诗通俗鲜明。再如，按词论家说，苏轼、辛弃疾之词豪迈奔放，柳永、李清照之词婉约含蓄。

诗歌鉴赏的最后，或者说到了细微之处，我们要体会出作者的语言风格及语言所要达到的表达效果。而与之相关的一些术语有：刚健、雄奇、悲壮、旷达、苍凉、沉郁、飘逸、含蓄、缠绵、清新、明丽、秀丽、恬淡、凄美、明快等。

语言表达效果：真挚感人、动人心魄、催人泪下、意境高远、情景交融、耐人寻味、言有尽而意无穷。

以上六点看起来很分散，似把诗歌给拆开来读了，但实际情况绝非如此。这正如我们常说的一句话，不过我把它稍做了一点修改：“师傅引进门，修行在个人。”我们只有懂得了诗歌鉴赏的门道，才能建立一种赏析的思路，进而在不断的赏析中培养起一种属于自己的赏析风格。

另外，我们在诗歌鉴赏中，还需要注意以下一些问题。

（1）了解作家的生平、思想、创作风格，有助于对其作品内容的理解和把握。例如，辛弃疾曾经在抗金斗争的最前线出生入死，南归之后又遭到投降派的排挤和打击，所以其词多为回忆过去如火如荼的战斗生活，或者表达报国无门的愤懑情绪，风格豪放悲慨。

（2）一个时代有一个时代的特点，一个时代有一个时代的文学，适当了解某个时代的风貌，同样有助准确把握这个时代的文学作品。例如，唐代国力强盛，投笔从戎的知识分子大多精神昂扬、情感豪迈，在他们的诗中，尤其是边塞诗，虽有塞外环境的恶劣，也有对故乡、亲人的深切思念，但更多的是同仇敌忾的愤慨，保家卫国的决心，因而格调高亢、情绪激荡。而宋代则大不相同，积贫积弱、国力衰微的大宋朝，已没有大唐的气象，在知识分子的笔下，豪迈之气少了，悲凉之气多了，雄伟气魄少了，家国之愁多了。

（3）许多古代诗词的前面都有一个不长的“序”，有的交代了创作的年代，有的交代了创作的缘由，有的交代了创作的经过，有的交代了创作的背景，有的又为整个作品奠定了情感基调，它对理解作品的思想内容也是至关重要的，因而不能忽视。

（4）大多数作品的思想感情不是单一的，其中可能交织着许许多多非常复杂的情感，这一点要特别注意，当然，读者有时也可以在原作的基础之上发挥想象，进行二度创作。另外，一个作家的整体创作趣向和风格一般是固定的，但也不排除个别作品的特例存在，如李清照、辛弃疾等，都有其固有风格之外的创作。

诗词鉴赏是阅读能力中层次最高的一个层级，掌握以上方法，相信我们能迅速而准确地把握作者的写作意图、解读诗词的意境、探寻诗词的主题。

如何阅读历史类书籍

“读史使人明智”，阅读历史，你可以吸取教训，可以增长间接经验、丰富阅历，可以用很短的时间在思想上经历数百年的沧桑、增长智慧，提高分析问题、处理问题的能力。古今中外，但凡有才能、有建树的成功人士，尤其是在政治军事方面，几乎都读史书，“自幼曾攻经史，长成亦有权谋”成为中国古代无数能臣良将的写照，关羽常夜读《春秋》，李世民也常以史为鉴，毛泽东一生读史，单《资治通鉴》就读了17遍。史书读得多，见多识广，间接阅历丰富；史书读得精，看破人世玄妙，参透世间迷茫。读历史，能培养我们勤于思考的习惯，而历史对于习惯思考的人，是常读常新的，总有新的体会和感悟，有助于自己不断提升。

第一，可以引发对人生的深入思考，让自己明白很多道理，大到治国、平天下，小到修身、齐家。

第二，有助于加强我们对现代社会、经济、文化等诸多方面的认识。

第三，可以避免我们对错误重蹈覆辙，习古而鉴今。

古人云："以铜为镜，可以正衣冠；以古为镜，可以知兴替；以人为镜，可以明得失。"正所谓"历史的经验值得注意"。培根曾说过"读史使人明智"，无论是"修身""齐家"，还是"治国""平天下"；无论是为人，还是处世，我们都必须以史为鉴。古人又云"不读书者鄙，不读史者鄙"，所以"盲人骑瞎马，夜半临深池"乃是蛮夫所为。

一个国家，历史是经验、教训、明鉴、秉承，是过去的沉积、未来的向导；一个人，历史是最好的老师，教你融今贯通、惩前毖后，是学习的源泉、进步的信心。那么，什么是"历史"？就事实而言历史就是在某一特定时间内真实地发生的事情，另一种"历史"则是被记录的历史。它们之间是有区别的，我们现在所能了解的历史都属于后者，因为不论科技如何发达、再怎么还原也不可能百分百了解过去那个时间发生的真正的事情。根据记载以及各种历史文物的佐证，我们得到了现在了解到的历史。因此，阅读历史类书籍，我们一定要理性辩证地去探索、去了解。

我们可以读的历史类书籍有很多，如《史记》《资政通鉴》，以及现代出版的《中华上下五千年》《春秋战国》等。

那么，具体来说，我们该如何阅读历史类书籍呢？

第一，对你感兴趣的事件或时期，尽可能阅读一种以上的历史书。

第二，阅读历史类书籍时，不只要关心在过去某个时间、地点真正发生了什么事，还要读懂在任何时空之中，尤其是现在，人们会有如此这般行动的原因。

我们每个人做的每件事，对我们所生活的世界来说都有意义，这个意义不仅会在空间上产生意义，更会在时间上产生意义，而各种大事在时间上产生的重大意义在时间长河中都互相影响。

第三，善于提出问题。

还是用提出问题这一方法来进行阅读，问题和之前大体一样，一共三个：这本书的主题、这本书的故事、所讲与我何干。突出学以致用、读以致用。先了解书中所讲内容及含义，再向其学习。

总的来说，我们阅读历史，要带着批判的精神，因为历史事件具有不确定性，因为归根结底，人才是传播事情的媒介，人的不确定性导致事情发生不确定性，所以这里并没有给出什么明确的规则，这是告诫读者，在阅读这类读物的时候一定要谨慎。

如何阅读一本小说

阅读小说可以让我们遇到另外的自己，也许是我们从未见过或不允许自己成为的那类人；可以让我们身处我们不可能去到或未曾关注的地方，又不必担心回不了家。

小说不像其他类书籍可以整理出系统的知识体系，我们也不会像答题一样概述每章节的内容。

所以，我们到底该如何阅读一本小说？在阅读小说时我们到底该抓住什么？

1. 开篇法则

“开篇法则”：开篇是阅读小说的第一课。

一部小说的开篇包含了这部小说的基本信息，如地点、人物、时间、历史背景。

2. 关于虚构地点的法则

“关于虚构地点的法则”：一个虚构作品里的地点绝不是真的地方，但必须表现得真实。

从这则法则我们了解两点：虚构和真实。每一个读者都清楚小说是虚构的，读者就喜欢这点，虚构的世界能够带他们离开他们生存的世界一会儿，并且他们还能够回来，毫发无损地回来。

既然读者清楚这是虚构的世界，又怎么会觉得真实呢？小说家创造了一个世界、一座城市、某些人物，凭借想象，这是虚构的。读者阅读这本小说，参与了这份想象，弥补了小说家不能写的细节。

福斯特也强调了，阅读是两个想象空间的互动，一个是作者的，一个是读者的。

3. 谁在说话法则

“谁在说话法则”：虚构作品的叙述者是想象和语言的产物，跟小说中的人物或事件一样。

小说里面必须有个说话的人——叙述者。从这个叙述者的角度，我们了解这个故事如何发展，如何推进。

4. 叙述不可信法则

“叙述不可信”法则：当你看见“我”一词，就不要再相信叙述者。

从“我”这个视角局限的叙述者，我们常常会被骗，也许“我”也被骗了。

看一本小说时，随着人物的视角，情节的推进，我们意识感情的投入，会暂时失去客观判断。当然，只是“暂时”，因为一切都会浮现出来。

5. 听懂声音法则

“听懂声音法则”：小说中的叙述声音是作者发明的一个策略。

声音就是意义。叙述者的声音讲述的内容、方式，即便只是微小的一个声音，都会改变这个被讲述的故事。

6. 坏角色法则

“坏角色法则”：我们会追随反面英雄的成就，不过他们必须给我们反馈点什么。

7. 章节和诗节法则

“章节和诗节法则”：章节作为特定小说的有意义的片段，只遵循自己的规则。

8. 关于普遍的特殊性法则

“关于普遍的特殊性法则”：你无法书写所有地方，书写所有人，你只能书写一个人或一个地方。

9. 关于人和事的法则

“关于人和事的法则”：人物不仅通过其言行来展现，也通过围绕着他们的事物来展现。

我们抓住这个人物周围的事物意象，我们不太确定这个意象的寓意，但读者能从中窥见人物的性格特点。

但是，作者对这些事物并未赋予意义，它掩藏在事物后面，并且每个人找到的不一定是相同的。

10. 叙事措辞法则

“叙事措辞法则”：我们可以通过他们的用词了解他们。

小说中需要有人物，那么他们就会说话，他们的用词表现了他们，我们想了解的他们。从他们说话的用词，我们可以了解这个人乐观、活泼或者多愁善感、内敛。自己可以去体会的东西，总比作者直接说出来的好。

11. 小说家的风格法则

“小说家的风格法则”：句子的长度和结构不存在规则，是小说限定了出现于其中的句子。

12. 意识流叙事法则

“意识流叙事法则”：对意识的所有表达都是任意的，是虚构的。

小说家在小说中强加了一个意识，用这个意识去推进情节，安排人物出场等，我们不能忽略，即使我们已经入局。

并且，小说中的人物是有头脑的，虽然不是有血有肉的那种，但也因此具有意识，我们无法深入了解，他们像个谜一样。

13. 角色清晰法则

“角色清晰法则”：要理解角色，你必须去了解他们最深的欲望。

我们在一本小说中找不到太多直接描写人物外貌的文字，我们不知道他们长什么样，我们也不需要知道他们长什么样。

我们要去寻找的，要去知道的，是他们想要什么。

14. 拥挤书桌法则

“拥挤书桌法则”：当一个小说家坐下来开始写一部小说时，还有上千个其他作家与他共处一室。

15. 小说悖论法则

“小说悖论法则”：小说出自强烈的个人痴迷，但作者随后一定要敞开这一痴迷，让读者读到。

16. 宇宙关联法则

“宇宙关联法则”：每部小说都是从其他小说中生长出来的。

17. 我们和他们法则

“我们和他们法则”：读者可以选择他们认同角色的程度。

18. 小说思想法则

“小说思想法则”：如果小说本身很糟糕，它的哲思再好也没用。

我们从故事中体会小说的思想，而对仅仅富含哲思的小说，我们通常不愿意投入其中，选择一本哲学书可能会更好。

19. 叙述一致性法则

“叙述一致性法则”：组织一部小说的最佳方式，就是让这部作品合情合理的那种方式。

20. 关门法则

“关门法则”：小说结尾的了结程度，与小说家想愉悦读者的热切程度有关。

读到结语，我们还是不清楚为什么就这样结束了。这是我读自己喜欢的小说的通常感受，因为它让我看见了无限的可能性。

21. 现在和过去法则

“现在和过去法则”：每部小说都是场激烈的表演，是与它自己时代的历史、社会力量的角力。

我们需要了解作者写小说的那个时代和小说历史背景才能真正读懂这部小说。

掌握这21个法则，能帮助我们避免读一本小说只是知道一个故事的情况。我们阅读一本小说，不是读过，而是在心理和智力方面占有这部小说。这也是我们阅读小说最终极的目的——获得。

如何阅读散文

在我们遇到的众多文学体裁中，最为优美的大概就是散文了。那么，何为散文？散文，是作者运用生动形象的语言描摹社会生活中的人、事、景、物，深入挖掘其中的内涵、哲理，表达对自然、社会、人生的感悟的一种文体。

《辞海》认为：中国六朝以来，为区别韵文与骈文，把凡不押韵、不重排偶的散体文章（包括经传史书），统称“散文”。后又泛指诗歌以外的所有文学体裁。

随着时代的发展，散文的概念由广义向狭义转变，并受到西方文化的影响。

散文的特点是：形散神聚。

形散：

（1）取材自由：写人，记事，绘景，状物。

（2）表现手法灵活多样：象征、衬托、对比。

（3）表达方式不拘一格：往往以抒情为主，把叙述、描写、议论、抒情熔为一炉。

神聚：主题集中鲜明

那么，我们如何阅读散文呢？以下是一些阅读要义。

（1）捕捉线索：散文的线索可以使散文由分散到聚合，由朦胧到明朗，可以牵一发而动全身。时间与空间的转换、作者的思想感情、记叙内容的变化、事情发展的阶段、一定的语言标志、文章的题目等都是捕捉线索的主要切入点。另外，游记类散文一般以游踪为线索。

（2）注意文体特点：叙事散文讲求以小见大，形与神的关系是重点；写景散文注意情景交融，情与景的契合是关键；咏物散文托物言志，尽可能体味象征手法。

（3）透析写作手法：写作手法是散文布局谋篇的外在形式，回答问题时通常以托物言志、借物抒情、以物喻人、托物寓意、寓情于景、对比、联想和想象、欲扬先抑等作为鉴赏的术语。

（4）研读重点：对散文中精彩铺陈的段落，要感受形象、领悟内涵、捕捉情感、揣摩语言；在结构上起重要作用的段落，位于开头的往往是总起全文，中间的往往是承上启下，结尾的往往是总结全文、首尾呼应，是主题的深化和感情的升华；记叙描写以外的议论段落，是散文明事析理的关键段落，是文章的中心主旨所在；环境描写段落往往是为烘托气氛、衬托人物心情服务的。

（5）揣摩关键：作者情感态度转化的语句、带有修辞手法的语句、文章的主旨句是揣摩的关键。一定要字不离句、句不离段、段不离篇；要前后照应、整体观照；要紧扣语境来答题。

（6）张扬个性和唤醒个性体验：散文的重点是引领我们进行个性化阅读，要对其中的感情和观点进行评说与鉴别，写心得往往是考查的主要形式。它一般要从内容、语言、写法、作用等方面发表意见，观点明晰，论据充分，要紧扣散文的主旨内容。

散文在内容上虽然或状物，或记人，或写景，但所写的总是作者自我感悟至深的生活经验的一部分。所谓自我感悟，也就是对事物的特殊意义和美的发现。这种发现不仅是观察和思索的结果，也是感觉的结果。散文在形式上的特点：一是往往以个人抒情为主，把抒情、叙述、议论熔为一炉；二是往往从细处落笔，小中见大；三是往往从侧面暗示，发挥读者的想象力；四是往往行文自由，结构灵活。

阅读散文时，要善于透过“形”抓住“神”，体会作者所要表达的思想情感，要抓住文章的结构和线索，要注意欣赏优美的语言。下面就散文阅读方面略作指导。

（1）要理出作品选择了哪些材料，中心思想是什么。

（2）看“形”和“神”的“结合点”是什么，也就是要抓住散文的线索。

（3）看作者组织材料的顺序，选择了怎样的角度。

（4）品味散文的语言。

另外，我们阅读散文，还需要注意以下几个方面的内容。

1. 把握文章内容，概括文章主题

散文选材广泛，行文自由，表达的思想感情丰富多彩，所以准确把握文章的主题也是散文的考点之一，把握散文主题的方法是：①找到文中的中心句和暗示主题的提示语、关键词语，从中概括文章主题。②从所选的材料中概括，材料是为文章中心服务的，我们可以看文章所选的材料表达了作者什么样的观点、态度、感情，从中找到作者要表达的主题思想。

2. 理清文章脉络，把握顺序

作者为了表达自己的思想情感，会精心组织，选取材料；在表达上更是精益求精，特别注意词语在表达上的顺序、层次和分寸感。散文中的顺序，一般包括：选取的材料顺序、段落顺序、句子顺序、词语顺序等。例如，线索是作者选择材料的准绳，我们形象地称之为线索，是作者选择材料脉络或描写、记叙的脉络，如《背影》以父亲的背影为线索；《藤野先生》以“我与藤野先生交往的过程”和“我的爱国思想感情”为线索等。

3. 品味语言

在散文阅读中，要把握好以下几项：

（1）字词含义。

（2）词语妙用。

（3）哲理性语句的深层含义。

相信从以上几个方面阅读散文，我们能有所收获。

第10章

纸上得来终觉浅，阅读应该学以致用

我们常说：“纸上得来终觉浅，绝知此事要躬行。”这句话的意思是，从书本上得到的知识毕竟不够完善，要透彻地认识事物还必须亲自实践。我们阅读更是如此，阅读也只是工具，并不是我们的目的，我们从书本中学到的知识，也必须转化为对生活和工作有益的能力，才是真实有益的阅读。为此，我们除了要掌握阅读的能力，还要学习知识转化的能力。

阅读只是工具，不是我们的最终目的

生说中，如果你问，阅读重要吗？相信很多人的回答是肯定的。因为一本好书，是其作者思想的结晶，书中有很多值得我们去品读的内容和学习的经验。然而，对这一问题，有时候，人们也持怀疑的态度，因为虽然我们在读书时会震撼于作者的思维、文笔等，但在阅读之后，却并不知道自己收获了什么。

这时候，若是有人问你：

“你觉得这本书怎么样？”

“这本书简直太棒了，你真应该也读一读。”

“真的呀！它都有哪些精彩的部分呀？”

“呃……”

你很想告诉你的朋友这本书的精彩之处，但好像根本不知道如何用语言来形容。若你也有读过一本书后，完全记不起书中的内容，就跟从没读过那本书一样的情况，那么，很有可能是你忽略了一点：阅读本身并不是我们的目的，只是我们的工具，我们应该从书本中跳脱出来，这样才能做到真正的学以致用。

日本作家大岩俊之曾写过一本《实用性阅读指南》，这本书能给我们一些帮助。他曾在很多公司担任销售工作，任职期间，他的表现突出，一直是公司的佼佼者，到后来走上独立创业的道路。他发现了“成功人士皆为读书家”的观点，于是开始尝试一年阅读300本以上的书，按他自己的说法，那段时间他在“阅读”这件事上花费了很多的精力，但不管他如何拼命地读，感觉还是记不住，读过即忘。后来，他参加了许多读书讨论会，并渐渐找到了问题的根源，形成了一套实用的阅读体系。而《实用性阅读指南》这本书，便是将这种避免读过即忘的方法告诉给更多的人，同时，此书还讲述了如何把书中的知识化为实践，做到学以致用、真正吸收一本书的精髓。

那么，如何才能学以致用，真正吸收一本书呢？有如下几点：

1. 学会选书

现在，我们先来问你一些问题，你平常读书吗？你一般会读什么类型的书？你想过你读的书是否对你有任何帮助吗？

有时候，我们阅读是很随意的，随手捡起身边的书就阅读起来，根本没有考虑我们的阅读目的，也没有考虑这本书对自己有什么积极意义。但事实上，我们每个人都要清楚，阅读只是我们的工具，不是我们的目的，我们的目的是获得知识，然后形成自己的知识储备。

另外，我们每个人的时间有限，每天要工作或是有其他的事情，那么花在阅读的时间肯定不会那么充裕。所以，在这有限的阅读时间里，要想得到对我们自身来说，最大价值的回报，就需要对症下药，学会选书。

如今的图书市场浩如烟海，我们要找到对自己有益的书并不难。例如，你想创业，就可以选一些谈论创业的书籍；你想提高自己的人际交往能力，就可以买有关沟通交流的书籍；你想学习绘画，就应该买与画画有关的书。

选出一本对自己有益的书，其实就渐渐开始带有读书的目的性了，而读一本书的目的性，正是我们所需要，甚至可以说是至关重要的。为什么呢？因为人的注意力具有选择性，当一个人带有目的地去阅读一本书，他更容易在书中找到他心中问题的答案，从而帮助他更好地记忆和吸收书中的内容。

例如，你最近要进行一次演讲，你想了解一些关于演讲的知识，为此，你买了这方面的书。此时，正是因为你了解自己的读书目的，想学习做好演讲的方法，你在阅读这本书时，就会格外集中注意力，找到书中对你有用的信息。

2. 提升阅读效率，并找到对你重要的内容

上面，我们提到阅读应该带有目的性，才能提升阅读效率，另外，我们在阅读时，还应问自己一些问题，带着这些问题去阅读，并在读书的过程中寻找问题的答案。看一本书，可以先看序言、目录和后记部分，因为序言和后记往往浓缩了一本书的知识要点与精华，通过目录，则能让我们快速对全书的结构和体系有个初步的了解。

在阅读的过程中，我们还应控制时间，提升阅读效率，若

是没有时间意识，进而不紧不慢地阅读，不但花费大量时间，还未必能真正汲取书本知识。同时，在读书的时候，不要试图理解本书的全部内容，因为在一本书中，真正重要的内容只有20%。所以，在阅读时，你所需要做的，就是找到那对你重要的20%。

3. 善用读书笔记，找到书本重点知识

俗话说："好记性不如烂笔头。"读书笔记的重要性，在前面我们已经了解，通过制作读书笔记，不仅可以帮助我们归纳和整理重要内容，还能方便我们以后及时复习学到的知识点，做到加强理解和巩固。在制作读书笔记前，我们可以先通读全文，通过画线、贴便笺、书页折角等方法找到重要知识点。

4. 学习和运用"思维导图"

思维导图，是英国教育家托尼·博赞创建的一种发散性思维方法，它以一种类似于脑神经细胞结构的形式，由中间向四周呈放射状地扩散出去，形成"放射性思考"。思维导图能将我们头脑中正在思考的内容，通过这种放射状的形式可视化出来。而在阅读中运用思维导图，可以让我们在为一本书制作思维导图的过程中，渐渐对这本书有个清晰明了的把握和认识。

5. 将知识内化为行动，真正做到学以致用

解决了读过即忘的问题，便到了读书最至关重要的最后一步——学以致用。我们读完一本书，里面的知识是记住了，但是若没有把这些知识加以运用，没有实践，那么这些知识也不

会对你有多大帮助，只有把学到的知识付诸行动，你才会真正地从知识中受益，得到改变和进步。

总的来说，我们阅读时一定不能被书本内容束缚，不但要把握阅读方法，真正吃透一本书，更要从书本跳脱出来，真正做到学以致用。

什么是“杠杆阅读术”

前面我们提及，阅读不仅是一种阅读活动，还应该是一种实际应用，把书中所学到的知识运用在生活、工作上，才能引领我们走向成功。事实上，任何成功人士都在读书，为什么呢？因为要在事业上胜出，就必须经常吸收新想法、新资讯，如果跟不上世界发展的节奏，就会被淘汰，所以要时时更新自己的大脑。

为此，日本品酒协会认定葡萄酒顾问、世界遗产学会会员本田直之提出了“杠杆阅读术”。

本田直之曾就职于日本的花旗银行等外商公司，并参与企划巴克集团（BUCKS GROUP）的营运，担任常务董事期间，协助该公司在日本店头市场（JASDAQ）挂牌上市。现任杠杆效益顾问股份有限公司董事长兼执行长，参与日美的创投企业投资管理，提供以少出力而获得丰硕成果的杠杆经营的建议。兼任日本财务学会董事、法人顾问会计董事。著作包括成为畅销书的《杠杆阅读术》《杠杆时间术》《杠杆思考术》《杠杆经营术》；翻译作品有《打响自己就一招》。

在本田直之的“杠杆阅读术”中，他认为：

第一，读书要有目的性。

我们读书的目的要明确，为此，我们要问清楚自己一些问题诸如“自己的人生目标是什么”“现在面临的主要问题是什么”。带着这些问题去选书，我们就能清楚地意识到，“现在，自己需要的是什么书”，明确目标后，从目标倒推，为了达成这个目标，我应该做什么。

如果我们自己目的不明确就开始阅读，甚至阅读自己根本不需要和不感兴趣的部分，那么，不仅阅读速度慢，还会花费很多时间在没用的书籍上，而最终，你阅读的内容你也没记住。

可见，为了要看清“需要读的地方”和“不需要读的地方”，确认目的是必要的准备工作。

为此，我们阅读，需要记住：①读书的目的要明确，看准该读的部分和不该读的部分。②设定时间限制。时间虽是按照书的内容而定，但平均要在一两个小时。③浏览一本书的内容，查看前言、目录、后记等，把整本书的整体结构映入脑海中。④开始读书，读书时要有轻重缓急之分，重要的地方必须熟读，其他地方就略读抓重点，画线、标号、记录、折页角等做记号。

第二，选择对自己简单易读的书。

与其选专业类型，不如选经验类型的。因为我们的目标是在别人成功的经验上附加杠杆效应。因此，作者作为何方神圣，是一个重点，在购买前，一定要确定写书的人到目前为止，具体做了那些工作，以及有什么实际成果，作者的头衔大都呈现在封面的作者名旁边，或者是在书本的开头作者简介上，你可以参考。

开始的阶段，可以选读对自己人生目标有助益的书籍，或是和自己的生意有直接关系的书籍，因为有兴趣，才能确实地读下去。总之，先养成读书的习惯。

第三，与其“速读”不如“多读”。

我们承认，现代社会的人们时间意识很强，我们都在追求速度，但在读书这一问题上，我们固然可以快速阅读，但同时也应该抓住重点，读完后“如何运用这些内容”才是更加重要的。

用读完后所得到的知识做什么？多读书之后获得了什么奖励？你多读了几本书并不是什么了不起的事，这些只不过是“输入”的动作，所达到的目的也不过是自我满足。而一直，我们更多应该思考的是如何“输出”的问题，这才应该是我们阅读的初衷。

最后的终极目标是，在别人的经验上运用杠杆效益，把对实际生活有所帮助的技巧变成自己的经验。

读许多书，把各种人的意见作为参考，不要以为把别人的意见统统地装进脑袋就可以了。为了避免只是倾听以及全盘接受某个人的言论，要尽可能多读书，多读书具有防止思想偏差的功能。

读书并非只是资讯收集或用功阅读而已，而是企图追求百倍回报的投资活动。要达到这个目的，就看你如何舍弃过去对读书所抱持的固有观念。

基本上，一本书应该设定一个小时读完。然后，不是读一次就结束了，还要下功夫去找出这本书的精华，向学以致用的方向进行。

不管多么好的书，如果自己不学以致用的话，也是枉然。

如果只是读完，并不会有一百倍的回报，把读完所得的知识和实际的工作生活相结合才是重点，并将其内容活用在工作生活上。

什么是“RIA拆书阅读法”

对于经常阅读的我们来说，是不是有这样一个苦恼：翻开书就看，合上书就忘。其实，这是个普遍性问题，是知识转化无效导致的结果。为此，我们不妨试试“RIA拆书阅读法”，也称为便笺读书法。

R：是reading的简称，在阅读时，如果遇到你认为有价值的部分，你可以稍作停顿，画线，做记号。

I：是interpretation，就是用自己的话复述书本内容，进而检测自己对书本知识的理解达到了什么程度。

A：appropriation，描述自己的相关经验。

A1：写和这个知识有关的自己的经验，再回忆自己的相关经验，进而让自己真的和书本知识相关。

A2：关于这个知识，你的下一步行动是怎样的，不妨写下来，让这些知识真正融入你的头脑中，这样，我们才能因为它变得更好。

便笺读书法可以帮助我们用另外一种视角进行阅读，并且解决之前在阅读中遇到的一些麻烦。例如：

缓解书太厚读不完带来的压力；

集中注意力；

聚焦于思考和应用，而不是知识本身；

保持兴趣，效果外显化；

方便事后整理；

加快学习进度；

对晦涩难懂或重要的地方可以更有效地处理在有便笺的页面边缘，贴上一张小小的指示标签，提醒自己。

其实，这一学习方法使用的工具很简单，只需3种颜色不同的便笺纸、一组多色指示标签和一支笔就够了，共分为七步。

第一步，拆书法的主要受众应该是成年人，如职场人士的自我提升学习和阅读，为的是解决某种具体的问题，因此，我们要确定拆解的书为实用型图书，而不是虚构类文学图书。

第二步，快速通读全书，找到书中你认为的有价值的部分，这一步相当于“RIA法则”中的R。

第三步，找出一张便笺纸，用自己的语言将你找到的重要内容复述在便笺纸上，然后贴在相应的那页书上，在这一步即为“RIA法则”中的I。

当然，如果你发现你认为的有价值的内容篇幅并不大，而且简洁直白的话，则不必用便笺纸，此时，直接画线即可。

第四步，针对重点内容，联系自身相关经历，写在第二张便笺纸上。此为A1便笺，贴在第三步I便笺旁边。

第五步，你可以想象下，今后再遇到类似的阅读情境时自己如何应对，给出具体的行动并写在第三张便笺纸上，此为A2便笺，也贴在书页上。

第六步，在所有贴有便笺的书页旁，再贴上一张指示标签提醒自己。

第七步，看完一本书后，将所有A2便笺拿出来贴在显眼的地方，如冰箱或墙上，提醒自己落实行动。

以学习者为中心，聚焦实际问题的解决。无论是组织学习，还是个人学习，我们一旦掌握了这种方法，就可以快速直击一本书的精髓，并将其转化成工作和生活中用得上的能力，而不再需要花费大量的金钱和时间精力去参加各种培训了。

那么，RIA拆书阅读法适合阅读哪些书呢？

对于成年人来说，我们不得不承认，我们学习应该只包括两种：一种是出于兴趣，一种是出于致用。

尤其是在第二种阅读目的的驱使下，我们发现，很多忙碌的上班族经常泡在书店里，或者花钱参加各种职业技能提升的培训班。并且，随着现代人生活节奏的加快，近两年越来越多的人宁可花钱参加培训也不愿自己读书学习的现象更加普遍。知识服务经济的红火，与此有莫大的关联。对此进行的一些访谈调查结果显示，许多成年人不会学习。他们要么看书看不进去，看一会儿就犯困；要么硬撑着看完后，却记不住，无法在实践中运用。所以，他们一旦有了学习的欲望，就只能寄希望于培训费用不菲的培训班。

那么，有没有一种科学有效的方法，可以让我们自己看书学习，并且取得和参加培训班一样甚至更好的效果？答案是肯定的。

这就是我们在本节中提到的“RIA拆书阅读法”，这种方法马上能学以致用，迅速将产能（production capability，pc）转化为产出（production，p）。对忙碌的职场人士来说，这是一种性价比极高的读书方法。另外，有的人会对大部头的书望而却步，而RIA拆书阅读法即使浅尝辄止也会有大收获，因为它将我们对知识的掌握与过去的经验结合起来，再加上在头脑中对将来情形的演练，在真正面对困难时，我们可以应对自如。

阅读要跳出书本外，学以致用

我们都知道，书籍是人类的宝藏，它能增长我们的见识，提升我们的能力。但有的人不读书，也有的人不会读书，就白白地错失了帮助自己提升各方面能力的宝贵机会。对于很多读者来说，他们虽然读了书，却并未从书本中真正获得有益的知识，大部分情况并不是他们不会读书，而是他们不善于从书本知识到实践之间进行转化。我们常说："纸上得来终觉浅，绝知此事要躬行。"这句话的意思是，从书本上得到的知识毕竟不够完善，要透彻地认识事物还必须亲自实践。我们阅读书籍并获取知识，也是为了能从书本中跳脱出来进而学以致用，你可能会说："我也想学以致用呀，可是我并不知道怎么用？这怎么办？"要想得到这一问题的答案，我们需要做到以下两方面的工作。

第一，知识汲取与输出，这关键在于做好三个方面：整理、输出、重复。

（1）整理。大作家李敖有一套很好的读书法，堪称过目不忘。他每次读书之后，会找到那些自己认为有用的部分并将它们剪下来，这样整本书就完全变得七零八碎了，不过最后他还会将这些剪下来的部分进行整理，这样就等于吃透了一本书。

像我们普通人，没有李敖先生的读书精神，最好的整理方式也许就是动手做笔记了。

读书时要做笔记，看到有价值的部分要注意画线、折页或添加书签（针对电子书），读完后，专门抽一段时间整理笔记，效果最好。这时的笔记，以摘抄书中内容为主，此时，不要附上自己的个人感想，读书笔记不是自己的个人感想集，而应当是输出的一种方式，尽量不写个人感想。大量事实证明，人的大脑对于纯摘抄内容的接受比摘抄加感想的接受效果好。

（2）输出。可以是对书籍内容的思考和质疑，也可以是对书里的重要内容的整理。这里没有固定的要求，看你自己的喜好和安排，可以用书评、文章等正式的形式表达，也可以是简单的几句话。反思加深理解，它的好处可能短时间内看不出来，但却不容忽视。

（3）重复。遗忘是人的本性，指望一次就永远记住某些知识，不是异想天开就是懒惰。事实上，很多大神也做不到，包括李敖先生。最终让他们优秀的，其实还是背后下的功夫，而这之中，重复是最基础的一种。

之前管理、输出的作用就在这里体现出来了。隔段时间，回看这些内容，你会有新的发现。

第二，学会自我指导，找到你的行动目标。

首先，你要学会在阅读中进行“自我指导”。“自我指导”从字面意思理解即自己指导自己，将自我指导运用在阅读中，就是自己要学会在一本书的内容中找到“行动目标”，并就这个目标付诸实践。为什么要“自我指导”？因为阅读是一件很私人的事情，我们很难找到一个人来帮助我们将书中的知识化为行动，所以要自己指导自己。

“行动目标”从何而来？可以参照你之前确定的阅读目的，具体来说，行动目标就是你在读过一本书后具体想要做些什么，而你想要做的这些事，是有助于你实现自己阅读此书的目的的。设定“行动目标”，可以以SMART法则为模板。

“SMART”，即specific（具体的）、measurable（可预见的）、achievable（可达到的）、realistic（实际的）、time-bound（有期限的）。

根据SMART法则，我们设定的目标要尽量详细具体，同时要具有可实现性，若是目标过高过大，很难顺利达成，自己也会被过程中的困难和挫折吓倒。你还可以为自己的目标设定一个大致完成时间，督促自己抓紧时间奋斗努力。

设定了行动目标后，再将这个目标一一分解为更加细致的小目标，从小目标着手，一步一步实现大目标。在这个过程中，你可以选择将自己的目标告诉他人和想象自己达成目标的样子，这都有利于振奋你的精神，帮助你不断前进。

总之，对于每个读者来说，我们都要认识到阅读的力量，并在读书中真正做到学以致用。

阅读能让人的心智获得成长

在书籍《单向街书店》中，有这样一段话：

我常在想，人为什么要读书，大概是想要获得温暖的力量，找到人生前行的方向；也希望，成为更好的自己，遇见生命中的灵魂伴侣；还有可能，找到一切关于生死、科学以及宗教的答案；又或者，只是为了得到一份纯粹又自由的阅读时光。仅此而已，而如果不读书，我实在想不出生命的意义，书之于我，是一蔬一饭，是疲惫生活的英雄梦，是“不读书毋宁死”的态度。书是黑暗里的光亮，照见自我也照见明天，书是脚下的路径，带我越过高山大海，阅读不一定能给你好运，但能让你悄悄成为自己。

的确，阅读的意义，不在于我们看了什么，而在于它使我们变成更好的自己，阅读能让人的心智获得成长。

人之初，性浮躁。尘土飞扬的人流中，人很难驻足稍作停顿，更难脱浊流而出，而唯有读书能净透心灵。事实上，我们很多人，在步入社会之后，尤其是摸爬滚打多年之后，内心更是很难沉静下来，对未来颇感惶恐。其实，如果我们能做到任何时候都不丢掉书本，那么，一切就都不会丢掉。

读书人与不读书的人就是不一样，这从气质上便可看出。

读书人的气质是由连绵不断的阅读潜移默化养就的。有些人，就造物主创造了他们这些毛坯而言，是毫无魅力的。然而，读书生涯居然使他们由内到外获得了新生。依然还是从前的身材与面孔，却有了一种比身材、面孔贵重得多的叫“气质”的东西。

阅读与不阅读，区别出两种截然不同的人生方式。这中间是一道屏障、一道鸿沟，两边是完全不一样的气象。一面草长莺飞，繁花似锦；一面必定是一望无际的、令人窒息的荒凉和寂寥。

作家三毛也说，读书多了，容颜自然会改变。在气质上，在谈吐上，也许还显露在生活和文字中。腹有诗书气自华，我们不必抱着目的心态去读书，但时间久了，我们的气质也能发生改变。

《红楼梦》中，我们所欣赏的那些女子，不仅容颜清新，更有着出众的文艺气质，我们仔细一品，就能发现她们的气质来源于书本的熏陶。

看过《中国诗词大会》的人，都会记得那个叫武亦姝的才女，她才16岁，就能在舞台上面沉稳自如地表现，古诗词信手拈来，着实让我们惊叹她的才艺。我们惊叹她过人的才华，也要看到这背后是她对古典文学的热爱和不断积累的结果。

你的气质里，藏着你看过的书和你走过的路。

多阅读，可以让你觉得有许多的写作灵感，可以让你在写作的方法上用得更好。在写作的时候，你往往可以运用一些书中的好词好句和生活哲理。

多阅读，可以让你全身都有礼节。俗话说：“第一印象最重要。”从你留给别人的第一印象中，就可以让别人看出你是什么样的人。所以多阅读可以让人感觉你知书达礼、颇有风度。

培根先生说过：“知识就是力量。”不错，多读书，在增长知识的同时，可以让你感到浑身充满一股力量。这种力量可以激励着你不断地前进，不断地成长。从书中，你往往可以发现自己身上的不足之处，使你不断地改正错误，摆正自己前进的方向。所以，书也是我们的良师益友。

多阅读，可以让你变聪明，变得有智慧去战胜对手，变得有勇气去面对困难，用自己的方法来解决问题。这样，你又向自己的人生道路迈出了一步。

多阅读，能使你的心情变得快乐。读书也是一种休闲、娱乐的方式。读书可以调节身体的血管流动，使你身心健康。所以在书的海洋里遨游也是一件无限快乐的事情。用读书来为自己放松心情也是一种十分明智的选择。

阅读能陶冶人的情操，给人知识和智慧。所以，我们应该多读书，为我们以后的人生道路打下好的、扎实的基础！

总之，书不能给我们的物质生活带来太大的改变，它最大的作用，就是帮我们成长自我。或许在某个不经意的瞬间，我们会发现，我们读过的书，已经藏在我们的灵魂里。

参考文献

[1]奥野宣之. 如何有效阅读一本书：超实用笔记读书法[M]. 南昌：江西人民出版社，2016.

[2]莫提默·J.艾德勒，查尔斯·范多伦.如何阅读一本书[M]. 郝明义，朱衣，译.北京：商务印书馆，2004.

[3]詹茜.视觉笔记：如何高效阅读一本书[M].北京：北京联合出版有限公司，2019.

[4]彼得·孔普. 如何高效阅读（纪念版）[M]. 张中良，译.北京：机械工业出版社，2017.